満蒙開拓青少年義勇軍の旅路

光と闇の満洲

旅の文化研究所［編］

森話社

〔カバー図版〕
上　内原訓練所における軍事教練（満洲移住協会発行の絵はがき）
中　満洲で白菜の収穫を喜ぶ少年たち
（全国拓友協議会編『写真集　満蒙開拓青少年義勇軍』家の光協会、一九七五年）
下　現地訓練所での東方遥拝（満洲拓植公社発行の絵はがき）
裏　満洲の子どもたちとの交流（満洲拓植公社発行の絵はがき）
〔表紙図版〕義勇軍看護婦の徽章（森オトヨさん提供）
〔扉図版〕現地訓練所に向かう列車の様子（満洲拓植公社発行の絵はがき）

満蒙開拓青少年義勇軍の旅路

光と闇の満洲

＊

目次

［凡例］

- 「満蒙開拓青少年義勇軍」は、満洲に渡ってからは「満洲開拓青年義勇隊」と名を変えるが、本書では煩雑を避け、原則として「満蒙開拓青少年義勇軍」「義勇軍」で通す。ただし、固有名詞などでの使用に関してはこの限りではない。
- 「満洲」の表記は、引用文などをのぞき、原則として「州」ではなく「洲」を使用した。
- 難読の地名には、可能な限り振り仮名を施した。中国大陸の地名の読み方については、基本的に当時の日本における呼称に従った。
- 引用文中の仮名遣いは原文の通りとし、漢字は原則として新字体に改めた。
- 引用文や聞き書き部分に、今日の人権意識に照らして不適切と思われる語句の使用があるが、時代背景を考慮しそのままとした。

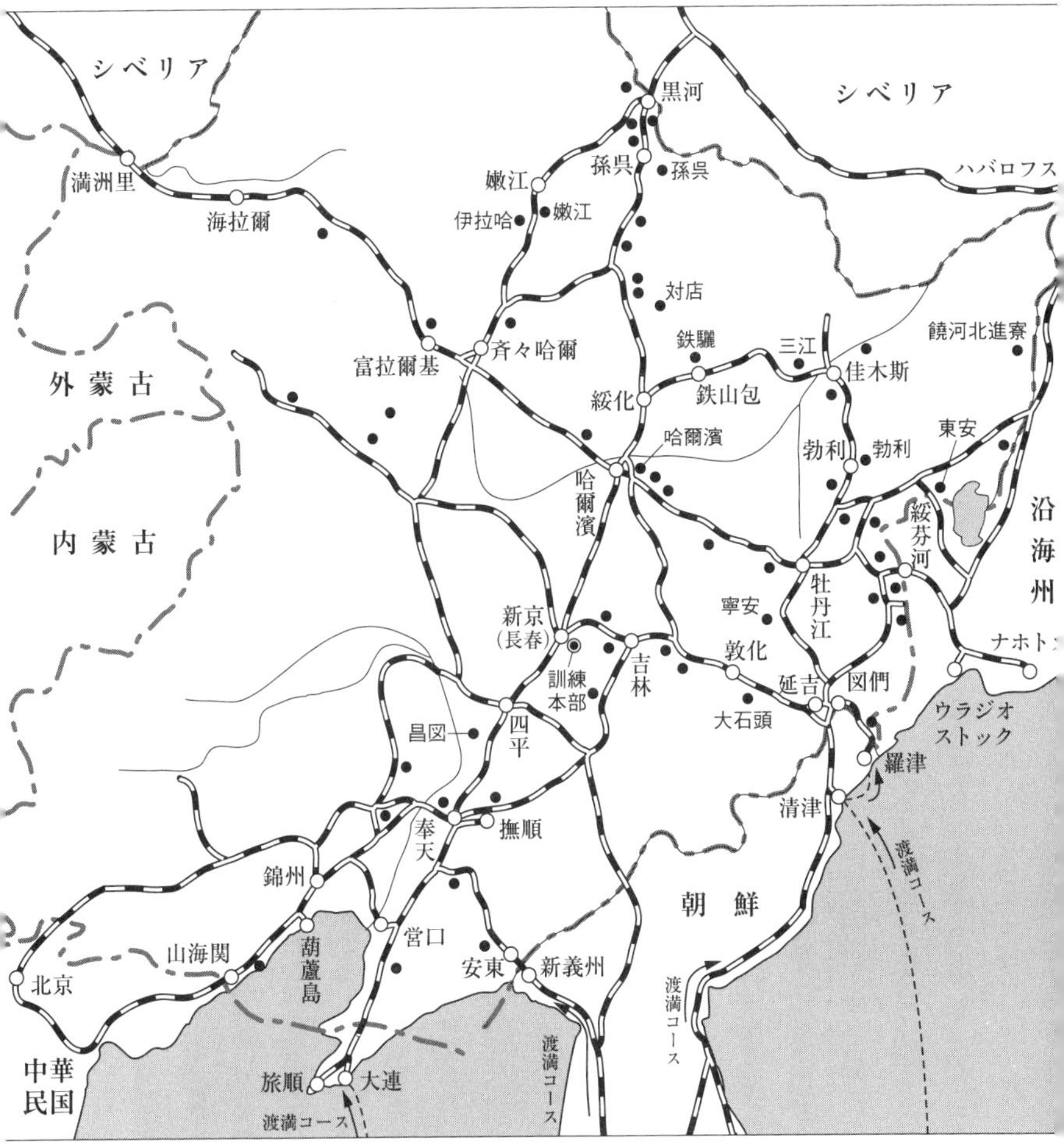

満蒙開拓青少年義勇軍関連地図

（全国拓友協議会編『写真集　満蒙開拓青少年義勇軍』掲載の地図＝終戦時をもとに作成。義勇隊開拓団に移行した訓練所の多くは割愛した）

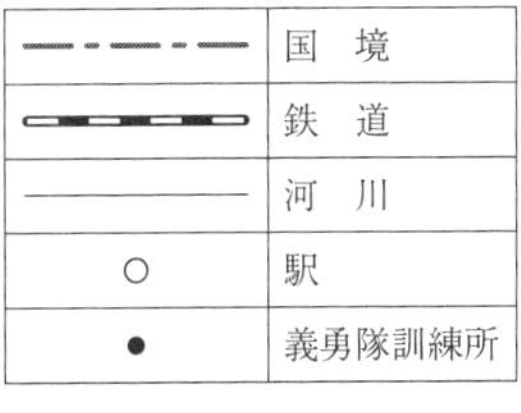

序章

「満蒙開拓青少年義勇軍」前史

神崎宣武

「満蒙開拓青少年義勇軍」を知る人が少なくなった。その体験者となると、八五歳以上である。

昭和一三（一九三八）年から昭和二〇年の終戦時まで、日本全国から集められた少年たちが、当時「満洲」と呼ばれていた中国東北部に渡った。その多くは、高等小学校を出たばかりで、出国時は、数え年一六歳（応募適齢の上限は数え年一九歳、「徴兵適齢臨時特例」公布後は一八歳）。その総数は、約八万六五〇〇人（満洲開拓史復刊委員会編『満洲開拓史』による。他に九万人以上という数字もあるし、端数までも詳しい数字もある）。うち、約一万人が死亡、未帰国のままである。

出国時は、義勇「軍」と称した。満洲に渡っては、義勇「隊」と称した。その一事をもってしても、彼らの立場は曖昧である。正規の軍属ではない。そして、正規の開拓団員（開拓移民）でもない。もちろん、国策にのっとっての組織であった。が、法的な強制力はなきに等しい。それゆえに「義勇軍」。開拓団と軍隊の予備軍組織のようなものであった。

義勇軍に入って渡満したのは、彼らの自主選択。とはいうものの、高等小学校の教員や在郷軍人の勧誘にしたがった者が少なくなかった。

まず、内地訓練のために内原《うちはら》（茨城県）の満蒙開拓青少年義勇軍訓練所に入る。通常は二ヶ月の訓練だが、体力の伴わない少年は、延長されることがあった。

渡満後、満洲の訓練所（昭和二〇年時で数十ヶ所は下らないと思われる）で三年間過ごしたあと、建前としては、中隊（三〇〇人）ごとに農業移民（開拓団）となる。一方で、関東軍に入隊することもできるし、既存の開拓村に入殖することもできる。建国大学や満洲医大に進むこともできる。しかし、そうそう順調には進まなかった。前半（昭和一三〜一六年）に渡満した者はともかくとしても、後半の渡満者は訓練中に終戦をむかえることになったのである。

終戦ののち、帰国までの途が難儀であった。

中隊ごとに団体で行動できればまだしも、分散せざるをえなかった者たちは、生死の境をさまようことになった。ソ連軍の侵攻、中国農民の報復のなかで生きのびる手だてを自分たちで探らなくてはならなかったのだ。国からも軍からも、援助の手だては期待すべくもなかった。

もっとも、ひとり義勇軍（隊）にかぎったことではない。開拓移民の農民たちも、一攫千金を夢みた商人たちも、同様であった。南方戦線への増強ということで、関東軍の大半は引揚げていた。もとより、傀儡《かいらい》の満洲国政府には国家維持の守備力は微力ほどもなかった。終戦と同時に、満洲は見捨てられた外地となったのである。

不可思議な「満洲」

そもそも、「満洲」という領域が正当性を欠いて曖昧なのである。「満蒙」「満洲国」もそうである。

かつて、というのは、明治末期から昭和前期までの約四〇年間、日本人にはなじみの深いところでもあった。しかし、地図上にその領域を明示することができる人は、ほとんどいないであろう。

事実、満洲国の建国（昭和七年三月一日）以前に満洲、あるいは満蒙の境界を明確に示す地図は存在しない。鉄道路線図（南満洲鉄道所管）をもって満洲一帯の概念図としていたのだ。したがって、時代により立場により満洲は変化《へんげ》する、いうなれば曖昧領域でもあった。

ちなみに、『広辞苑』には次のように記載されている。

> 中国の東北一帯の俗称。もと民族名。行政上は東北三省（遼寧・吉林・黒竜江）と内モンゴル自治区の一部にわたり、中国では東北と呼ぶ。

ここで「俗称」といっているように、その領域もまた定めることができないのだ。満洲国の建国の以前と以後でもその概念は違ってくるのである。摩訶不思議な満洲というしかない。

もとより、日本の固有の領土などではなかった。

満洲は、中国の「清朝」発祥の地である。

古くからそこに住んでいたのが、ジョシンとかジョジンと呼ばれる女真族である。その一部族長であったヌルハチが全女真族を統一して国号を後金（大金）としたのが一六一六年。都を瀋陽《しんよう》（のちの奉天）に定めた。

そのとき、マンジュ（満珠＝満洲）という言葉もつかわれるようになった、と伝わる（小林英夫

『〈満洲〉の歴史』による)。そのマンジュが以後の民族名や国名にも広がるのである。国号を清と改めたのは、ヌルハチの子太宗。孫の世祖のときに、中華に攻め入って北京を都とした。

清の領土は、満洲・中華・蒙古・西蔵《せいぞう》・新彊《しんきょう》など広範囲に及び、その規模は一八世紀末の乾隆帝のときに最盛となる。

以上の経緯は、すでに小峰和夫『満洲』をはじめ多くの文献で示されていることでもある。満洲族(女真族)の中核勢力が北京に進出してからは、その地を「関東」と呼称することにもなった。万里の長城の東端の山海関(要塞)の東北一帯という意味である。古くからそう呼ばれていたに相違ないが、清朝となって一般呼称として定着をみた。

その地に日本が関係するようになるのは、日清戦争(明治二七〜二八年)からである。

日清戦争は、清国の朝鮮への出兵に対抗しての宣戦(詔勅は、明治二七年八月一日)だった。朝鮮政府と両国盟約に調印(同八月二六日)が成り、戦線は日本に有利に動いた。翌明治二八年四月一七日に終戦。日清講和条約が調印され、朝鮮の独立が承認された。

それによって、日本は、清国から遼東《りょうとう》半島と台湾、澎湖《ぼうこ》島の割譲を得た。その上、賠償金二億両の支払いを受けることにもなった。

しかし、四月二三日、ドイツ・フランス・ロシアによる遼東半島の返還の勧告(三国干渉)があって、五月四日には全面放棄を閣議決定した。

したがって、日清戦争は、日本人をして中国東北部への注目を促しはしたが、直接の進出には至らなかった。この時点での多くの関心は、朝鮮半島と台湾に向けられていたのである。

日露戦争（明治三七～三八年）は、ロシア軍の南下に対抗して宣戦（布告は、明治三七年二月一〇日）したものである。日本は、上陸戦では手間どったものの満洲南部を攻略、とくに海戦を制した。明治三八（一九〇五）年九月五日、日露講和条約（ポーツマス条約）調印。これによって、日本はロシア軍の満洲からの撤退、大連・旅順を中心とする「関東州」の租借権譲渡、長春（のちの新京）・旅順間の鉄道（東清鉄道の部分）および鉄道付属地の租借権譲渡などを得る。

なお、ここでいう関東州は、遼東半島の南端部である。清朝発祥の地である満洲（東北三省）を指す関東とは異なる。したがって、清国からすると由緒ある関東という呼称を地域呼称として矮小化することに抵抗があるのは、当然のことである。激しい抗議もあったようだが、日本は、ロシア時代からの慣行として租借地を関東州と呼ぶことにした。これが、のちの悪名高き「関東軍」の部隊名に引き継がれることになるのである。

この日露戦争後、日本の満洲進出が本格化もする。

しかし、日本は、満洲の一部を清国から租借して開発、統治するだけである。もちろん、この地は日本のものではない。清国の一部ではあるが、すでに漢民族が大量に入殖しており、満洲人の本拠でもなくなっている。満洲北部にはロシア人、東部には朝鮮民族も混在しており、清国の統治も及びがたいところがある。満洲は、なお多民族が割拠する混沌にして曖昧な領域なのであった。

国策企業「満鉄」の誕生

日露戦争に勝利した日本の権益のなかで、いちはやくもっとも大きく発展したのは鉄道事業であった。

多くの日本人が「満鉄」の呼称で親しんだ南満洲鉄道株式会社（以下、通称では満鉄）が、明治三九（一九〇六）年一一月二六日に設立された。株式会社とはいっても、国策会社であったことはいうをまたない。設立当初の資本金は、二億円。そのうち一億円は政府による現物出資、残り一億円は公募による出資であった。その公募には、株数の一〇〇〇倍超の応募があった、という（南満洲鉄道株式会社刊『満洲鉄道建設秘話』ほか多数の文献にある）。

その鉄路は、ロシアから譲渡されたものである。満鉄がいちばんに取り組んだのが、ロシア時代の狭軌を標準軌に改築することだった。それによって、満洲内陸部で産する石炭や大豆などを大連港まで大量輸送することが可能になったし、のちにシベリア鉄道と連携してモスクワからヨーロッパ経由でロンドンまでの国際連絡輸送をも可能にしたのである。

吉長線（吉林―長春）の新設や安奉線（安東―奉天）の改築も手がけられた。その他の支線構想も明らかになった。

そこでは、あくまでも清朝政府との折衝が必要であり、そのつど反対にもあった。が、それを無視するかたちで、武装警察隊を派遣するなどして作業を強行に推し進めることになった。

鉄道運営に必要な諸建設業や諸加工業の経営は、いうに及ばない。それだけでも大規模な傘下事業である。鉄道付属地における土地・家屋の経営、その他に炭鉱事業・水運業・電力業・倉庫業など。さらに百貨店・ホテル・学校などの経営にも事業は拡大していった。

それに、満鉄調査部の設立がある。満鉄創立の五ヶ月足らず後のことだから、いかに重要視されていたかがわかる。

ひとつには、世情不安定な満洲の地での企業活動を円滑に展開するにあたって、さまざまな分野での調査が不可欠であったからである。しかし、それだけにとどまらず、非公式な活動もふくまれていただろうことは、想像にたやすい。ここで、その事例を挙げることはひかえるが、それは、すでに複数の文献で明らかにされていることでもある。

一大満鉄コンツェルン、とでもいおうか。満洲の経済発展は、満鉄とともにあった、といっても過言ではあるまい。そして、それによって、医療も学問も文化も大いなる進展をみた。それも、一方の事実である。

それを、「仮面企業」ともみる。たとえば、太平洋戦争研究会編『図説 写真で見る満州全史』では、南満洲鉄道設立委員長であった児玉源太郎（陸軍大将）の「満洲経営梗概《こうがい》」を引く。

戦後満洲経営の要訣《ようけつ》は、陽に鉄道経営の仮面を装い、陰に百般の施策を実行するにあり。

そして、「毫《いささか》も政治及軍事に関係せざる如く仮装せざるべからず」という。まわりくどい表現だが、これをもって仮面企業、あるいは仮装企業、とみることができる。ちなみに、他の満鉄関係の文献では、そこまではいわない。が、この児玉の梗概（思想）は、満鉄初代総裁後藤新平にも、第二代総裁中村是公にも引き継がれていく、とみるべきなのである。

鉄道守備隊と関東軍

日露講和条約が締結されてから、満洲への軍隊の派遣もはじまる。のちに悪名をはせる軍政がはじまるのである。

といっても、そこで日本が統治できる地はかぎられている。清国の基盤は脆弱化しているとはいえ、なおその地の盟主である。日本からの軍隊派遣には、当然ながら非難と抵抗が強く、すでに租借権益を得ていた旅順と大連を中心にした関東州の守備隊しか認められなかった。日本は、当初、天皇直隷の総督府設置による台湾や朝鮮と同列の植民地統治をもくろんだが、それは改めざるをえなかった。そこで、関東州にかぎっての関東都督府《ととくふ》が旅順に置かれた。そして、都督府が国から派遣された一個師団（平時は九〇〇〇名）を管轄することになった。

ここで、派遣師団が日本政府の直轄になかった事実に注目しなくてはならない。外交と切り離したかたちで関東都督府陸軍部が独立色を強めていくのである。しかし、組織としては、日本国陸軍省に属するもので、独自に裁決をはかるわけにはいかなかった。そして、この段階では、まだ「関東軍」と名のることができなかった。

ほかに、満鉄と沿線付属地の警備を担当する、志願兵で構成するところの独立守備隊六個大隊が存在した。一個大隊が約九〇〇名、それが六個であるから約五四〇〇名。準軍隊である。したがって、関東州に常駐する日本の兵力は、一万四〇〇〇人余であった。日本政府や陸軍参謀本部の関係者も、実態が十分につかみにくい遠隔の駐剳《ちゅうさつ》であった。

明治四四（一九一一）年、辛亥《しんがい》革命が勃発。清朝を倒し、漢民族の国家を建設しようとした革命である。漢民族からすると「倒満復漢」、満洲人からすると「湖北反乱」ということになる。

明治四五年一月一日、孫文を臨時大統領とする南京臨時政府が成立。中華民国（中国）が発足する。清国の宣統帝が退位、清国が滅亡するのは、二月一二日。この混乱に乗じて、満洲警備のために軍部は勢力拡大を画策する。が、日本政府の決定には至らなかった。

大正三（一九一四）年七月、第一次世界大戦が勃発。日本も、イギリスの要請を受けてドイツに宣戦布告する。すぐさま、ドイツが中国から租借していた軍港青島《チンタオ》を攻略、これを制す。そして、青島守備隊を編成、長期駐留を図った。

当然のことながら、中立（地）侵犯として中国から抗議を受ける。が、日本軍は拒絶。逆に、中国に対して「二十一ヵ条」の要求を突きつけた。実際には、五ヵ条は撤回されて十六ヵ条。その主たる要求は、旅順・大連（関東州）の租借権と満鉄・安奉鉄道についての年限の延長にあった。それについて、何と九九ヵ年の延長を求めたのだ。ちなみに、そのとおりに進んだとすれば、関東州の租借期限は平成九（一九九七）年まで、満鉄のそれは平成一四年、安奉鉄道のそれは平成一九年まで。その根拠は、不明である。当然、中国側にとっては理に不尽な要求に相違なく、反発は強烈だった。しかし、日本側は、軍事圧力を強めながら回答を迫った。その結果、大正四年五月九日にこの十六ヵ条約が締結されたのである。

以来、中国では、この日を国辱記念日として反日・排日の運動が高まっていく。

他方、第一次世界大戦下のロシアで一〇月革命が起きた（大正六年）。帝政ロシアの敗戦部隊が満洲内に逃亡。それに対して、後方支援を名分とする日本軍は、満洲各地に駐留の軍隊を混成部隊として増強。政府も英米と歩調を合わせ、シベリア出兵を宣言した。

満鉄もそれに対応して、シベリア出兵軍事輸送のために長春に臨時輸送係を置く（大正八年）。

このとき、日本政府は、関東都督府を廃止して関東庁官制（実質的な総督府制）を実施することになった。台湾・朝鮮にならって、現地での機動性を重視しての政軍分離である。それによって、関東州から北へ勢力の拡大をもくろむ満洲駐留軍が、「関東軍」として専属することになった。同時に、都督府軍部も関東軍司令部と呼ばれるようになった。ここに、関東軍は、さらに独立色を強めることになったのである。

外地にあって、独立色を強めたところで、やがて、独走や迷走を果たすことになる。もっとも、まだこの段階での関東軍は、旧来の租借地と満鉄の警護が本務で、常駐兵力も統計上の変化はなかった。

関東軍の謀略と独走

そのころ、というのは大ざっぱには大正時代（一九一二〜二六年）のころ、中国の東北部一帯では地方ごとに軍閥が割拠、各省ごとに有力軍閥が統治体制を敷いていた。しかし、内乱も続いた。俗に馬賊《ばぞく》といわれた集団も軍閥化して、戦闘に加わりもした。

そのなかで名をはせたのが、馬賊出身の張作霖《ちょうさくりん》（一八七五〜一九二八年）である。張作霖は、日本軍との関係を深めた。はじめに、日露戦争が勃発したとき、張は、日本側を支援した。辛亥革命（大正元年）の動乱では、奉天を拠点として革命運動を鎮圧している。その後（大正五年）には、奉天省長兼督軍となり奉天省を掌握することになった。さらに、その一年後には黒瀧江省に政治力を及ぼし、その三年後には吉林省を武力制圧した。かくして張は、東北三省（東三省とも）の支配権を確立したのである。

このことは、満洲での影響力を強めようとしている関東軍には好都合であった。張作霖の軍に参謀や顧問を派遣して支援した。もっとも、そこでの軋轢もあった。張作霖は、関東軍を後ろ盾にしたものの、けっして関東軍の意のままには動かなかった。

大正一一（一九二二）年に奉直戦争が起きた。奉天派の張作霖と直隷派の呉佩孚《ごはいふ》の戦いで、いちどは張作霖が敗れている。このとき、関東軍は外務省の反対もあって張作霖への支援には動かなかった。その後、張は、直隷派内でのクーデターに乗じて呉軍を破り、その勢いを揚子江方面に向け南進させた。

しかし、中国（国民党）政府に通じる南部軍閥の反発は大きく、張作霖の部隊は総崩れ状態におちいった。ここにおいて、張作霖は、関東軍に救援を求めたのである。

関東軍は、救援派遣の準備を秘かに進め、国の陸軍参謀本部への要請を執拗に行なった。はじめは懐疑的であった参謀本部も、やがて九州（久留米）や朝鮮に駐在の師団から奉天警備に増派することになった。それが功を奏し、張作霖軍は南部軍閥を撃破。大正一五年一月には、「東三省」の独立を宣言するにいたった。そして、北京への進出もはかった。

それに対して、国民党革命軍の北伐攻撃も再三仕掛けられ、抗日運動も絶えることがなかった。革命軍の満洲進出を危機ととらえた関東軍は、またも政府に増兵派遣を依頼した。政府内にも慎重意見があったが、田中義一内閣は、それに応じた。

満洲に親日政権をつくり、これを支配する。関東軍のそうしたもくろみがしだいに顕《あらわ》になってきた。中立を装いながらも、次々に策略と侵略が強行されることになった。のちに、「独走する関東軍」（太平洋戦争研究会編『図説 写真で見る満州全史』）とか「関東軍の満洲強奪」（小峰和夫『満洲』）などと評されるとおりにである。

まず、張作霖爆殺事件が起きる。それまでの日本依存から独立路線を取りはじめた張に、関東軍は、北京からの撤退、奉天への帰満を説いた。関東軍の狙いは、あくまでも満洲支配であり、北京方面での戦闘には中立的な立場を装っていた。そして、張との対立から、奉天軍の武装解除と張の失脚をもくろんだのだ。その張作霖が乗った奉天行きの特別列車が爆破されたのである。

当時の新聞は、「南軍の便衣隊　張作霖氏の列車を爆破」（『大阪朝日新聞』昭和三年六月五日）と報じた。が、明らかに関東軍の謀略であり、その首謀者も爆破実行者もほぼ明らかになっている。その子細については、ここではふれない。

昭和のはじめごろは、世界的な規模で大恐慌の時代であった。「満洲は、我が国の生命線」（満鉄副社長から政界に転出した松岡洋右の演説から）という言葉が流行語にもなった。関東軍はもとより、日本国内でも満洲の武力支配への強硬論が強まっていくのである。

あえて個人名をあげなくてはならない。

板垣征四郎大佐と石原莞爾《かんじ》中佐。板垣は、昭和四（一九二九）年に関東軍の高級参謀に着いた。また、石原は、その前年に関東軍の作戦参謀（主任）に着いた。この二人が、以後の「満洲フィクション」の主謀をなすのである。

満洲フィクションとは、ここで初めてつかう言葉である。満洲が、日本が開発を委ねられた楽土・国土であるかのごとく、日本全体を「共同幻想」に陥れた、という意味である。二人は、二人を中心としたグループは、それまで以上に満洲占領の策略を巧みに、強行に具現化していったのである。

そのことも、すでに『満洲事変機密作戦日記』をはじめとする記録の公示からも、また『図説　満州帝国』をはじめとする文献の解説からも明らかである。ここでも、それに従う。

昭和六年九月一八日、奉天の北方で満鉄の線路が爆破された。

そこは、張作霖の子息張学良が率いる中国軍の兵営（北大営）に至近の場所であった。これを、日本側では「暴戻《ぼうれい》ナル支那連隊ハ満鉄線ヲ破壊シ、ワガ守備兵ヲ襲ヒ駆ケツケタル我ガ守備隊ノ一部ト衝突セリ」（『満洲事変機密作戦日記』）と発表する。実際は、関東軍（そのうちの第二大隊、第三大隊）が夜間演習という名目で実行したことで、爆破の実行者も明らかになっている。

中国軍も奉天省勢力（張作霖の子息、張学良の軍閥）も無抵抗であった。それに乗じて、関東軍は奉天を占拠した。また、満鉄沿線の中国軍や反抗勢力を次々に掃討していった。そして、長春（のちの新京）も占拠。同時に、関東軍司令部も旅順から奉天に移ることになった。関東州から満洲全土を支配する足がかりを固めたのである。

さらに、関東軍は、日本からの、さらに朝鮮からの増援をはかった。日本政府は、それに対して、事変非拡大の方針をもって反対表明。しかし、陸軍省と参謀本部は、関東軍援護で対立した。

関東軍の独走は、とどまることを知らなかった。その後ろ盾は、陸軍参謀本部。日露戦争以後に台頭する勢力であるが、しだいに超法規的な権力をもつようになった。内閣どころか陸軍大臣さえも無視するかたちで「統帥権《とうすいけん》」をふりかざすようにもなるのだ。天皇制ファッショとは、狭義にはこのことを指すのである。

とくに僻遠の地にあって、関東軍司令部は、本部をしのぐほどの強力なファッショ体制をもって武力を増強していったのである。

その勢いをもって、長春を拠点にさらにハルピン（哈爾濱）の攻略を進めた。ハルピンは、清国時代にロシアが拓いた町で、なおソ連の権益が残る都市であった。それに、張学良派（東北軍）と蔣介石《しょうかいせき》らの国民党派（中国軍）の勢力も交錯するところであった。

日本政府は、関東軍の吉林までの進出を黙認するものの、ハルピンへの出兵には中止命令を出す。そして、陸軍省でも首脳会議で、「条約上ニオケル既得権益ノ完全ナル確保ニ存シ、全満洲ノ軍事的占領ニオヨブモノニアラズ」（満蒙問題解決ノ動機トナス陸軍ノ方針）と関東軍の進出を否定した。そこで、関東軍も、それ以上の北上を一時諦めざるをえなくなったのである。

ところが、板垣大佐、石原中佐らは、なおも満洲全土支配をあきらめなかった。懲《こ》りない面々、というしかない。そうした人たちの思考にも「三分の理」があるだろうが、ある種の狂気が正当化されていった、とみるのが妥当であろう。それが集団幻想を生み、軍を動かし、国をも動かす。おぞましいまでに異常な時代であった。

傀儡の「満洲国」

板垣征四郎大佐と石原莞爾中佐ら関東軍幕僚らの満洲征圧・支配の野望は、とどまることをしらなかった。

奉天、長春、吉林と、関東軍は占領を拡大していった。満鉄沿線の全域を制圧したのである。

昭和六（一九三一）年九月の関東軍司令部の参謀会議で、軍政による満蒙独立国家の建設案を決議。満洲の領有論である。これが、国内での議論をほとんど経ずに実現へと向かうのだから、関東軍の独断・独走と批判されるのも当然である。

日本政府の首脳のなかには、関東軍の横暴を由とせず、たとえば幣原《しではら》喜重郎（当時は外相）のように、満洲は日本の領有外のところとして協調外交を唱える人もいた。しかし、一方で、かつては穏健でもあった陸軍省・参謀本部は、関東軍の独走にさほどの抑止力を及ぼさない状況におちいっていた。

石原莞爾の回顧録が残っている（『現代史資料11　続・満洲事変』所収）。それによると、満洲事変では一気に満洲占領をはかるつもりであったが、割拠する地場軍閥の潜在力を再認識せざるをえない結果となった。それを全て征圧するのは容易ではない。そこで、関東軍と協力・連携できる軍閥、その連合を表面的には立てるかたちでの「満洲（満蒙）独立」論に転向することになった、というのである。

むろん、石原莞爾の日記や自伝を鵜呑《うの》みにすることはできないが、関東軍の首謀者たちの内でも相応の紆余曲折があったことは事実であろう。ここでの満洲独立は、「親日政権」の樹立案である。石原たちにとっては、不本意ながらの転向ということになる。

そうした転向によって、在満の有力者たちを集めた東北行政委員会が設立された。そこでは、清朝への復辟《ふくへき》派と連省（共和制）派との対立があったが、関東軍の「新国家建設会議」が主導して満洲国樹立案が決定された。あくまでも満洲人による新国家樹立という体裁を整えて、東北行政委員会が独立宣言を行なったのが昭和七年の二月一八日。満洲事変勃発から五ヶ月後のことであった。

国号は満洲国、国主は執政、国体は民本政治、年号は大同、国旗は新五色旗。

その国主に招かれたのが清朝最後の宣統帝であった愛新覚羅溥儀《あいしんかくらふぎ》である。

その国体たる民本政治とは、「五族協和」のもとに連合・共和制をうたったものであった。ちなみに、この場合の五族とは、満洲・漢・蒙古・日本・朝鮮の各民族である。

九月一五日、日本政府は、正式に満洲国を承認。「日満議定書」が結ばれた。その公表された議定は、たった二ヵ条であって、日本の既得権の尊重と日満の共同防衛だけである。

それは、まぎれもなく、関東軍による日本の権益のための国家であった。それまでの樹立経緯からも、その後の運営からしても、「傀儡《かいらい》国家」というものであった。

中国では、これを「偽満洲」という。

むろん、国際社会も認めるものでもなかった。

まず、満洲事変を起こした日本に対して、国際連盟理事会は、満洲撤兵勧告案を一三対一で可決した（昭和六年一〇月二四日）。

しかし、関東軍の北満（黒龍江省）への侵略は止むところをしらなかった。そして、満洲国の建国。それから、さらに熱河省攻略作戦を開始する。熱河省とは、満蒙というときの「蒙」に当たる地で、ここを押さえれば、南からの中国軍を威圧、防御することができる、としたのである。

ついに、国際連盟は、満洲国の独立を否定する採決を四二対一の圧倒的多数で可決。反対の一票は、日本であった。その結果、日本は、国連脱退を表明した（昭和八年三月二七日）。

日本は、世界から孤立することになった。しかし、関東軍は、なお独走を続ける。

一方で、日本は、「満洲産業開発五ヵ年計画」や「二十ヵ年百万戸（移住）計画」などの国家再編計画を作成している。そのためには、満洲の安定をはからなくてはならなかったはずだが、関東軍は、満洲防衛にとどまらなかった。長城をこえて河北への進出を押しすすめたのである。

昭和一二年、北京郊外での盧溝橋《ろこうきょう》事件が勃発。北支事変、支那事変などに拡大、中国との全面戦争（日中戦争）へと突入していった。

日中戦争の拡大は、満洲のソ連国境防衛に支障をきたすことになった。そこで、ノモンハン事件が起きる（昭和一四年五月）。

はじめは、満洲国軍（旧軍閥の軍隊と関東軍の特殊部隊との混成で、約一三万人の組織）とモンゴル軍の小競り合いだった。それに、関東軍は、第二三師団に戦争部隊や航空部隊まで投入して加勢。しかし、ソ連側は重装備の近代戦軍を前面に反撃、日本の旧式軍備では対抗できず、関東軍は壊滅的な敗北を喫することになった。

日本の旧式軍備というのは、ほとんど日露戦争当時のままであった。新式といわれた八九式中戦車も、大正末に設計されたものだった。それは、在満の軍閥相手には戦えても、世界の列国の水準には遠く及ばなかった。その事実を、ノモンハン事件で十分に認識できたはずであるが、関東軍はもとより日本の陸軍省や参謀本部でもそれが十分に議論された形跡がみられない。これも、不思議な愚策、というしかない。

それればかりか、その三年後のガダルカナル島での戦闘以降、アジア太平洋各地で戦争をくりかえしていくのである。すなわち、世界大戦（第二次）へと拡大していくのである。文明に処した戦いでないがゆえに、「生きて虜囚の辱《はずかしめ》を受けず」などとやたら精神論が意義づけられることにもなった。

満洲を日本の生命線としながらも、昭和一九年から二〇年にかけて、満洲の地における関東軍の兵力は段階的に削《そ》がれていった。南方戦線への応援のためであった。一方の戦局が緊張してくると、一方の戦力が削がれてゆく。それほどに日本の軍事力は、脆弱なまま、戦争を拡大していったのである。

とはいえ、それまでの関東軍の満洲への固執からすると、国境警備の兵力まで引揚げるとは、これまた不可解なことでもある。が、結果的には関東軍は、満洲からほぼ全面撤退となる。そこには、満洲国に対しての愛着や責任はひとかけらほども残っていなかった。

そして、終戦（昭和二〇年八月一五日）。満洲に残った多くの人びとの苦難がはじまる。本書でとりあげる「満蒙開拓青少年義勇軍」もそうである。

開拓移民と満蒙開拓青少年義勇軍

満洲事変（昭和六年）までの移民は、けっして順調な増加をみたわけではない。

水田稲作でみれば、明治四四（一九一一）年秋に西宮房次郎が満洲米を明治天皇に献上した、という記録がある。そのころ、租借地の関東州においては水田開発と稲作が緒についていた、ということだが、あくまでも個人的なもので、農業移民が続いた、というわけではない。

農業移民政策ということでいうと、大正時代（一九一二〜一九二六年）になってからである。『満洲開拓史』によると、第二代関東都督福島安正（大将）と三代都督中村覚《さとる》（大将）の意向が反映されてのことであった。が、関東州でいうと、漢人の開拓が先行しており、未墾地は少なかった。これも、本格的な集団移民というには至らなかった。

ほぼ時を同じくして、満鉄でも農業移民計画がたてられた。鉄道と付属地の守備隊の除隊者に対して農地（付属地）を一般の基準よりも有利な条件で貸し付ける制度である。しかし、入植者の実数は、大正三（一九一四）年から六年までの四年間で三四名。けっして盛況とはいえない規模であった。

満洲事変の勃発、満洲国の建国後は、「満洲熱」が盛りあがった。各地の各団体による移民計画もつくられた。昭和七（一九三二）年の時点で八四件、と『満洲開拓史』にある。しかし、これも実行されたのは二団体（天照国移民と天理教移民）にすぎなかった。

先述もしたように、満洲では、なお各地で日本人に対しての反感と抵抗に根強いものがあった。

日本政府の担当省である拓務省も、当初は満洲移民に消極的であった。

そんなとき、満洲移民、満洲開拓を熱心に説く「満蒙協議会」の有志連（壮士連といってもよい）が積極的に拓務省とも関東軍とも折衝を重ねることになった。その代表的な存在が加藤完治（当時、私立国民高等学校長）であり、石黒忠篤（農林次官）、宗光彦（満鉄公主領農業実習所長）であった。

その三氏で協議立案した「満蒙殖民事業計画書」（移民案）が拓務省に提出されるのである（昭和七年一月）。

それは、昭和七年五月から九月の間（一〇期）に合計六〇〇〇名を移民させる、という具体案であった。満蒙とはうたっているものの、対象地は満洲。直後に建国された満洲国にほかならない。実際にこれに従って、昭和七年から一〇年までの四次にわたって試験移民が推し進められたのである。

やがて、拓務省でもこれを促進しようとする気運が生じる。この計画書にもとづく拓務省案を一気に閣議に提出する運びになった。満洲国の建国宣言がそれを促したことは、いうをまたない。

奉天に司令部をもつ関東軍でも、この満洲移民計画に対応すべく諮問会議が催された。

拓務省提出のこの移民案は、閣議では否決された。高橋是清蔵相らの反対があった、という。が、間もなく可決されることになる。それは、二・二六事件（昭和一一年）に連動してのことであった。すなわち、斎藤実《まこと》内大臣、高橋蔵相などが殺害されて岡田内閣が倒壊、広田内閣が生まれたからである。この広田内閣は、国策内閣ともいわれたように、閣議を重ねて七条の重要国策を決定。そのひとつに、「対満重要策」（移民案および当事の助長策等）が採決されたのである。

それを受けて、拓務省は、「二十ヵ年百万戸・五百万人（移住）計画」を帝国議会に提出することになった。この百万戸という数字は、先に策定をみた関東軍司令部の計画案を踏襲するものであった。

その計画を実施すべく満洲拓植公社（特殊法人）の設定もみた（昭和一一年八月）。各県ごとに内地訓練所もできた。

しかし、事はなお順調には進まなかった。

現地で先住の漢民族系との軋轢は絶えることなく、いわゆる匪族《ひぞく》の襲撃も重なり、それまでの試験移民での脱落者も相次いだ。一時の満洲熱もさめ加減であった。満洲移民の国策決定直後の昭和一二年こそ、募集四万九〇〇〇戸（二十ヵ年計画の内の一年分に相当）をほぼ満たす応募があったが、次年からは予定数を満たすことはなかった。

拓務省が設定した移民は、大別すると「農業集団移民」と「自由移民」であった。それに「未成年移住者ノ採用」を加えざるをえなくなったのだが、それも関東軍（陸軍省）の意向を受けてのことであった。関東軍からすると、それは予備軍の採用に等しいことだったのであろう。

昭和一二年一一月三日、『満蒙開拓青少年義勇軍編成ニ関スル建白書』が政府に提出された。六名が名を連ねているが、ここにも石黒忠篤と加藤完治の名前がみえる。とくに、加藤完治は、新京会議（二十ヵ年百万戸計画を受けての現地会議）から青少年移民の提唱者として知られており、以後も満蒙開拓青少年義勇軍の実践者として名をはせることになる。

昭和一三年一一月三〇日、「満洲に対する青年移民送出に関する件」を閣議が承認、予算も決定された。

その実施要綱では、以下のような条項が並ぶ（白取道博『満蒙開拓青少年義勇軍史研究』所収の要綱から抜粋)。

一、少年移民は満洲国防の第二線を承る事を目的とし十六才より十九才迄の少年を大日本青年連盟を通じて募集する

一、第一期少年移民の実行は昭和十三年度より四箇年計画とし総数十五万人昭和十三年度の第一年目の予定は三万人乃至五万人である

一、満洲国側では現在約五万人の少年移民を収容するに足る設備を有して居るのでなるべく速やかに実施を期している

拓務省は、満洲移民協会と大日本連合青年団と連携して、募集活動について各都道府県との協議会を開催。都道府県別の割当数も決めた。その割当数の根拠は不明だが、昭和一三年には五四六〇名の応募があり、うち四九五二名を「先遣隊」として送り出すことになった(『満洲開拓史』による)。

ここに、「二十ヵ年百万戸計画」に付帯するかたちで生まれた満蒙開拓青少年義勇軍が始動することになる。

昭和一三年以来、昭和二〇年まで、その七年間の渡満した青少年義勇軍の総数は、約八万六五〇〇名。なお、この数字については、出典によって異なる。また、昭和一三年の渡満を先遣隊としてとらえる数え方(その場合は、昭和一六年が第一次となる)と、昭和一三年から第一次ととらえる数

え方とがある。ここでは、本編第二章（「義勇軍設立と内原訓練所の日々」）との正誤性もあえてとっていない。細かな数字の特定は、むつかしいのである。

それに先だって、渡満前の内地訓練所として茨城県内原に「満蒙開拓青少年義勇軍訓練所」が発足。経営は、満洲移住協会だが、実質経営者は加藤完治であった。加藤は、「右手に鍬、左手に銃」を是《ぜ》として掲げ、義勇軍の養成に邁進《まいしん》した。

加藤完治についても、不可解なところがある。いかに発案者とはいえ、拓務省や関東軍、それに大臣たちまでに直接談判を行なう。そして、義勇軍の実現に深く関与して、「加藤の義勇軍」「義勇軍の父」といわれるような実行力を持ち続ける。尋常ならざる時代とはいえ、私人が国家の重要事項にここまで影響力を及ぼすとは、不可解といわざるをえない。関東軍司令部の謀略と同様に、あるいはそれ以上に不可解なのである。それによって、多くの青少年たちが青春時代を翻弄されることになった。

しかし、私たちは、ここで「義勇軍哀史」を描くつもりはない。また、戦争の残酷《むご》さを強調するつもりもない。事実は、事実以上でも事実以下でもない。ただ、これまでけっして雄弁でなかった人たちの「声なき声」に、いまだからこそ耳を傾けておかなくてはならない。

「あの時代は、何だったのだろう」

多くの体験者がそうふりかえり、つぶやくところで、私たちに、ある種の代弁を託してくれているようにも思えるのである。

第一章

招待旅行にみる満洲イメージ

高 媛

南満鉄道会社つて一体何をするんだいと真面目に聞いたら、満鉄の総裁も少し呆れた顔をして、御前も余つ程馬鹿だなあと云つた。是公《ぜこう》から馬鹿と云はれたつて怖くも何ともないから黙つてゐた。すると是公が笑ひながら、何《ど》うだ今度一所に連れてつて遣らうかと云ひ出した。

（夏目漱石『満韓ところ〴〵』[*1] 一頁。以下同書からの引用は、頁数のみ記載する）

これは夏目漱石作『満韓ところ〴〵』の冒頭の一節である。明治四二（一九〇九）年九月、学生時代以来の親友である中村是公《よしこと》に招かれ、漱石は満洲へ向けて旅立った。前年末に、中村は後藤新平の後を継いで、南満洲鉄道株式会社（以下「満鉄」）二代目総裁に就任したばかりである。

漱石もよく知らないという「満鉄」とは、ポーツマス条約締結の翌年（明治三九年）一一月に設立され、四〇年四月に大連で営業開始した半官半民の国策会社である。戦勝で獲得した東清鉄道南部線の鉄道利権をはじめ、港湾、炭坑、都市計画の経営も手がけるなど、満鉄は満洲開発の急先鋒たる存在として、一大「満鉄王国」を築き上げようとしていた。

漱石が旅行した明治四二年といえば、日露戦争の終結からは四年、満鉄設立からは三年未満の時期である。「南満鉄道会社つて一体何をするんだい」という漱石の質問からもうかがえるように、満鉄の事業はまだ世間一般に広く知られていなかった。

「まあ海外に於ける日本人がどんな事をしてゐるか、ちつと見て来るが可い。御前見た様に何にも知らないで高慢な顔をしてゐられては傍が迷惑するから」（二頁）と話す中村総裁の意中すでに明確な満鉄宣伝の意図があったか否かは不明であるが、結果的には、この旅から名著『満韓ところ〳〵』が生まれ、満鉄は国民的文豪の筆を通して「画期的な宣伝効果」を挙げることになった（石原巌徹「大陸弘報物語（五）」）。

『満韓ところ〳〵』

明治四二（一九〇九）年九月二日、東京を出発した漱石は、満鉄本社のある大連を振り出しに、旅順で日露戦跡を訪れたあと、満鉄沿線を北上して熊岳城《ゆうがくじょう》、営口、奉天、撫順《ぶじゅん》、長春に立ち寄り、さらに長春でロシアの東清鉄道に乗り換え、ハルピンまで足を延ばした。その後再び奉天に引き返して安奉線で安東に至り、朝鮮経由で東京に帰着したのは一〇月一七日のことである。[*2] 四六日間に亘る旅行の見聞は「満韓ところ〳〵」と題し、同年一〇月二一日から一二月三〇日までの『東京朝日新聞』と、一〇月二二日から一二月二九日までの『大阪朝日新聞』に、それぞれ全五一回分連載された［図①］。連載は九月二一日に訪れた撫順で打ち切りになったため、満洲旅行の後半や韓国旅行についての記述がなく、実質的には「満洲ところ〳〵」となっている。

新聞連載の翌年（明治四三年）、「満韓ところ〳〵」は、「夢十夜」などの三篇とともに『四篇』に収録され、春陽堂より刊行された。大正四（一九一五）年八月、同じく春陽堂から単行本『満韓と

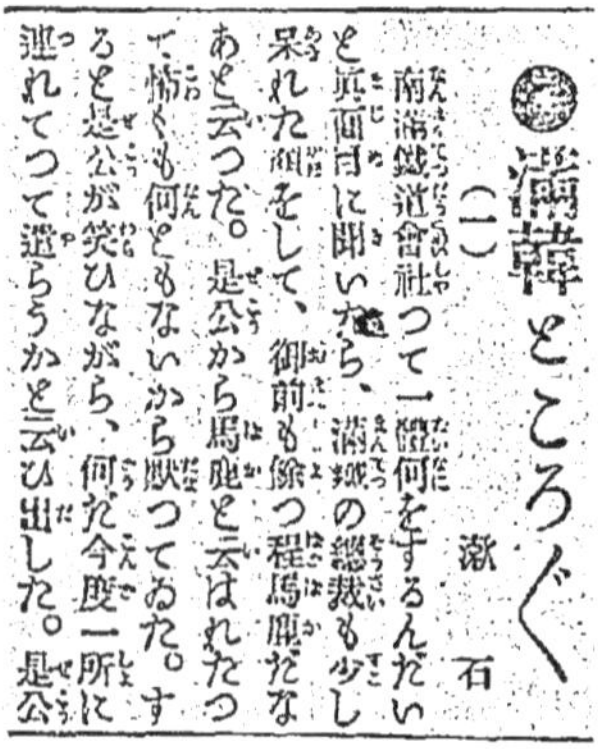
満韓ところ〴〵　（一）　漱石

南満鉄道会社つて一体何をするんだいと真面目に聞いたら、満鉄の総裁も少し呆れた顔をして、御前も余つ程馬鹿だなあと云つた。是公から馬鹿と云はれたつて怖くも何ともないから黙つてゐた。すると是公が笑ひながら、何だ今度一所に連れてつて遣らうかと云ひ出した。是公

図①　連載第1回（『東京朝日新聞』1909年10月21日、朝刊3面）

ころ〴〵』が出版され、二年後の大正六年九月には早くも一〇版を重ねた。

新聞連載や単行本出版だけでなく、『改訂中等国文読本』『新定中学国語読本』『国文新撰』『改訂新撰女子読本』といった大正時代の中等学校や女学校の国語教科書にも抜粋が収録されるなど、『満韓ところ〴〵』は中等教育の分野においても広く読まれるようになった（田坂文穂編『旧制中等教育国語科教科書内容索引』）。

この作品の意義は「満洲イメージの大衆化」に大きく寄与しただけでなく、一種の権威付けられた想像のパターンを作り上げ、漱石以後の旅行者のまなざしに強烈な「既視感」を与えたことにある。

たとえば、大連港に到着する寸前、漱石が甲板から見下ろしていた「汚ならしいクーリー」に当てた表現「鳴動連《めいどうれん》」は、のちの満洲旅行記などに繰り返し引用され、中国人労働者の定番イメージとなった。

　止まるや否や、クーリー団は、怒つた蜂の巣の様に、急に鳴動し始めた。其鳴動の突然なのには、一寸《ちよつと》胆力を奪はれたが、何しろ早晩地面の上へ下りるべき運命を持つた身体なんだから、

仕舞には何《ど》うかして呉れるだらうと思つて、矢つ張り頬杖を突いて河岸《かし》の上の混戦を眺めてゐた。（中略）河岸の上を見ると、成程馬車が並んでゐた。力車《りきしや》も沢山ある、所が力車はみんな鳴動連が引くので、内地のに比べると甚《はなは》だ景気が好くない。馬車の大部分も亦鳴動連によつて、御せられてゐる様子である。従つて何れも鳴動流に汚ないもの許であつた。（一一二〜一一三頁）

漱石の旅から一五年経った大正一三（一九二四）年頃、ある内地客が大連埠頭に上陸した瞬間、思わず次のような感慨をこぼした。「夏目漱石氏の「満韓ところ〴〵」でおなじみの所謂鳴動連のお出迎が、十数年後の今日でも依然と鳴動してゐるのもなつかしい気がした」（荒尾栄次「満洲紀行」）。また、別の内地客は、昭和七（一九三二）年九月に出版された『満洲国遊興行脚』という本のなかで、大連上陸直前の船中での会話をこう記している。「「もうすぐですね。」船中で知り合ひになつた東京××学校の△△、H氏が出て来て、僕に声をかけた。「漱石の「満韓ところ〴〵」に、大連の港へ船が入ると出迎人が殺倒して、わめき犇《ひし》めくことが書いてありますね。漱石はそのガヤ〳〵やる連中のことを、鳴動連といふ言葉で現してゐますが、当つた言葉ですよ。今に船が着くと、その鳴動連の怪態が、あなたの目を奪ひますよ。ハハハ。」（中略）船は岸壁に横づけにされた。ロープを投げる船員の罵る声、それからお出迎への鳴動連の鳴動、鳴動――」（朝倉都太郎『満洲国遊興行脚』）。

このように、『満韓ところ〴〵』は発表から二十数年後にも、日本人旅行者の満洲イメージを規定し続けているのである。

一方、見学箇所について、漱石は電気公園や中央試験所、撫順炭坑など、数々の「文明の偉業」を満鉄から見せられたことを記している。「参観すべき場所と云ふ標題のもとには、山城町の大連医院だの、児玉町の従事員養成所だの近江町の合宿所だの、浜町の発電所だの、何だの蚊だのみんなで十五六程ある。成程是では大連に一週間位居なければ、満鉄の事業も一通り観る訳に行かないと云はれる筈だ。しかも是公は是非共万遍なくよく観て行かなくつちやいけないよと命令的に注意するんだから、容易ぢやない。其上よく観て、何でも気が付いた事があるなら、さう云ひなさいと、恰《あたか》も余を視察家扱にするんだから猶更痛み入る」（五一頁）と、漱石は胃痛に耐えながらも、さまざまな満鉄事業の見学に連れ出されていた。

もっとも、漱石は軽妙洒脱な筆致により、読者の笑いを誘いながら、満鉄を手放しで称揚することをうまく回避している。たとえば、権力の頂点にいる満鉄総裁との会話をシニカルに描いた以下の場面である。


電気公園には恐縮したが、内地にもない位のものなら、頗《すこぶ》る珍らしいに違ないと思つて、娯楽つてどんな事を遣るんだと重ねて聞き返すと、娯楽とは字の如く娯楽でさあと、何だか少々危しくなつて来た。能《よ》く〳〵糺明して見ると、実は今月末とかに開場するんで、何をやるんだか、其の日になつて見なければ、総裁にも分らないのださうである。（二七頁）

それでも、連載の最終回に、撫順炭坑長の「松田さん」の案内で満鉄の炭坑経営によって形成された市街地を一望する時、漱石は思わず感嘆の声を挙げた。

まだ完全には出来上つて居ないけれども、悉《ことごと》く煉瓦《れんが》作りである上に、スチユヂオにでも載りさうな建築ばかりなので、全く日本人の経営したものとは思はれない。しかも其洒落た家が殆んど一軒毎に趣を異にして、十軒十色とも云ふべき風に変化してゐるには驚いた。其中には教会がある、劇場がある、病院がある、学校がある、坑員の邸宅は無論あつたが、いづれも東京の山の手へでも持つて来て眺めたいもの許りであつた。松田さんに聞いたら皆日本の技師の拵《こしら》へたものだと云はれた。（一八四頁）

このように、満鉄の業績に多くの紙幅を費やした『満韓ところ〴〵』は、満洲イメージの大衆化、権威化だけに止まらず、漱石の感嘆を通じて、まだ見ぬ満洲への関心を惹起し、満洲進出の欲望をかき立てるメディアとしても機能していたのである。

大正九（一九二〇）年四月に初めて満洲を旅し、その後間もなく大連の邦字紙『遼東新報』の記者として就職した棟尾松治は、大正一一年に刊行した自著のなかで、満洲への憧れについてこう述懐している。「満洲見物に出掛やうと思つたのは学生時代に夏目漱石の「満韓ところどころ」を読んだ時からであつた。けれども其時代には満洲見物なぞと言ふ贅沢な真似は出来ずロマンチックな空想を描いて学校に通つてゐた。其内卒業することになり恩師の勧めやら色々の関係で今の会社に勤めることになつた。学生から会社員となり脊広を着るやうになつても矢張り腰弁の悲しさで満洲見物の希望は容易に達せられなかつた。こんな事なら初めから満鉄会社にでも雇つて貰えば好つたと思つたこともある」（棟尾松治『満洲見物支那紀行』）。

また、時代は下がるが、昭和一四年、新京在住の緒方菊太郎が満洲宣伝に関するエッセーのなかで、「統計表やイデオロでは読む人の数が知れて居ますからね。どうしても多数人に読ませるには文学の力を藉《か》りるのが一等でせう。漱石の「満韓ところどころ」が、私の渡満を決定まではせずとも、促進したことは確かです」（緒方菊太郎「註文帳」）と、漱石効果の大きさを語っている。

満洲イメージを広く流布させ、満洲への想像パターンを権威付け、さらに満洲への憧憬を芽生えさせる――『満韓ところ〴〵』は、満洲宣伝において「他に類のない成功を収めた」（木村毅「明治文学に現はれたる満洲」）のであった。

文化人の満洲旅行

明治四二（一九〇九）年の漱石の旅は、「名士招待」による満洲宣伝の幕開けを象徴する出来事であった。漱石以降、錚々《そうそう》たる文人画家が相次いで満洲旅行に出かけ、満洲に因《ちな》んだ夥《おびただ》しい数の作品を発表してきた。

その大半は、満鉄やジャパン・ツーリスト・ビューロー大連支部（以下「JTB大連支部」）、満鉄後援の満蒙文化協会といった在満機関の招聘《しょうへい》によるものである。内地の拓殖局や新聞社派遣のケースでも、満鉄側は「便宜供与」の形で後援したことが多かった。

大正一二（一九二三）年四月二七日、田山花袋《かたい》が満鉄の招待で出発の途についた。花袋を誘った人物こそ、陸軍屈指の情報通でロシアや中国事情にも詳しい陸軍中将の高柳保太郎である。十数年前の日露戦争当時、第二軍参謀大尉の高柳は従軍記者として渡満した花袋と懇意になった。『読売新聞』の記事によると、二人は「最近暫《しば》らくの間両方で消息を絶つてゐた処がこの間高柳氏がひよつくりと代々木の田山さんの家にやつて来て「おいどうだ、満洲へ行かないか」と口をきいたのがきつかけとなつて今度の事が決つたのださうだ」（『読売新聞』一九二三年四月二八日、朝刊五面）。花袋の旅の前年（大正一一年）八月、満鉄理事・松岡洋右《ようすけ》は満鉄の「情報勤務」を充実させたい一心から、当時不祥事を起こして待命中の高柳を、理事待遇の高級嘱託として迎えたのである（『東京朝日新聞』一九二二年七月二三日、朝刊二面、松岡洋右伝記刊行会編『松岡洋右――その人と生涯』）。

花袋が訪満する直前の大正一二年四月一一日、高柳の精力的な取り組みのもとで、満鉄初となる宣伝組織「弘報係」が社長室内に誕生した。高柳はその生みの親であると同時に、係名「弘報」の名付け親でもあった。[*3] 昭和二（一九二七）年四月、社長室直属の「情報課」が新設されたことをきっかけに、弘報係は情報係、企画係とともにその傘下に加えられ、弘報の仕事は組織的に整備されるようになった。ちょうどこの時期から、情報課主導のもとで「名士招待」による満洲宣伝の動きが一層活発化してきた。

昭和四年八月、堀口九万一《くまいち》（元外交官）、新居格《にいいたる》（評論家）、加藤武雄（流行小説家）、柳瀬正夢《まさむ》（漫画記者）、戸川秋骨《しゅうこつ》（学者）ら一行五人の来満を目前に、実際に交渉に当たっていた情報課弘報係主任の八木沼丈夫は、勧誘の狙いについて次のように語っている。「其の人達の視察後の改造や婦人雑誌、文芸雑誌に現はれるいろんな評論、随筆、満蒙背景の大衆的創作、漫画等を通じて満蒙内地間の距離を短縮し、それ等を通じて内地の各社会層に「展《ひら》け行く満蒙の姿」を広く紹介して貰はうと思つて期待してゐます」（『読売新聞』一九二九年八月一四日、朝刊七面、『満洲日報』一九二九年七月三日、夕刊二面）と。ここからは、メディアに強い影響力を持つ文化人を通して、「展け行く」有望な満洲イメージの浸透を期待する満鉄の意図をはっきりと読み取ることができる。

一方、ＪＴＢ大連支部も昭和三年頃から積極的に「名士招待」に力を入れるようになった。ＪＴＢは日本初の外客誘致機関・喜賓会《きひんかい》（明治二六年誕生）の仕事を継承する団体として、大正元（一九一二）年三月に鉄道院内に設立された半官半民の斡旋機関である。本部設立からわずか八ヶ月後の一一月一日、ＪＴＢは大連支部を満鉄運輸課内に創立し、その業務を満鉄社員に委嘱した。支部長には満鉄社長を戴き、満鉄運輸課長が一切の事務を統括する形で発足したのである（清水好雄編『東亜旅行社満洲支部十五年誌』[*4]）。その後、ＪＴＢ本部から大連支部の拡充を提議されたことを受け、満鉄は日満間旅客の激増と将来におけるシベリア経由旅客の盛況を見込んで、大連支部の独立を後押しした。その結果、大正一五年五月、大連支部は本部から一万円、満鉄から二〇万円を交付され、独立会計の旅行斡旋機関として本部から分離した。翌昭和二年五月、従来満鉄社員に委嘱していた業務も満鉄から分離し、委嘱の人員を大連支部の従業員として改めて正式に任命し、人事上においても満鉄の援助から離れ、完全な独立機関となったのである（『東亜旅行社満洲支部十五年誌』）。独立をきっかけに、JTB大連支部も満鉄と連携しながら、文化人の招聘を大々的に企画・実施するようになった。

昭和四年末から約一ヶ月半に亘り、満鉄とJTB大連支部の招待で、志賀直哉は里見弴《とん》とともに真冬の満洲に出かけた。当初、満鉄から招聘の話が来た時、志賀はあまり乗り気でなかった。そこで、交渉役を務める満鉄鉄道部営業課嘱託の画家真山孝治は、中国で年の暮れは骨董品が安く手に入る一番良い時期だといい、それが骨董好きの志賀の心を動かす決め手となった。志賀はさらに里見弴、佐藤春夫との同行を条件に出したが、それも二つ返事で承諾され三人の招待が決まった。結局、佐藤春夫は新聞小説の連載があるため行けず、志賀と里見の二人だけの旅になった（志賀直哉「万暦赤絵」）。

漱石の時と異なり、満鉄は招聘当初から双方の負担と義務を具体的に提示してきた。満鉄の負担については明らかにされていないが、「大金の旅費」を受け取ったと志賀が証言している（志賀直哉「続創作余談」）。また、旅行後の義務について、里見は「こつちの義務は、帰つてから新聞なり雑誌なりで、旅行記を発表すること、それの再録権は満鉄が保有すること、――たゞそれだけだ」と記し、喜んでこの「楽しい義務」を引き受けた（里見弴『満支一見』）。

大連に三日間滞在したあと、二人は汽車で北上することになった。大連を発つ前夜、滞在先のホテルで夕食に招待されたが、それは「露骨に云へば、私たちに、ちつとは支那に関する予備知識を与へて置いてやらう、といふ満鉄の意嚮から、当地在留で、支那通と呼ばれるやうな、各方面の方々と会食する」ことであった。

会食後、二人は別室で満鉄が宣伝用に撮らせた実写の活動写真も見せられた。「北京の孔子廟の祭礼とか、哈爾賓《ハルピン》の復活祭の儀式とか、総て年中行事的な、その時期に行き合はさない限りは見られない光景ばかりだつたので、眠い目を擦りこすり、一時近くまで映して貰つた」と里見はいう。

さらに翌日から、JTB大連支部の職員「H君」が全行程に随行し、途中までは前年に与謝野晶子夫妻の案内役を務めていた画家の真山孝治と、「蒙古の実状を知ることに於て最高権威と云はれる」「K氏」が同行した。大連から熊岳城までの列車の中で、二人は「K氏」から「少し専門的すぎ」る満洲の知識を「長講二時間」も聞かされた（『満支一見』）。

二〇年前の漱石も中村総裁から調査課長を紹介され、分厚い営業報告書を何冊も見せられたが、その時と比べれば、満鉄やJTB大連支部は、交渉の条件提示の段階から、予備知識の付与や同行案内人の配置に至るまで、かなり用意周到な準備を行っていたことが分かる。志賀はのちに「私には身分不相応の大名旅行」で、「恐縮」し「当惑」することもあったと述懐している（「万暦赤絵」）。

旅行後、里見は約束の紀行文を、昭和五年三月一一日より同年六月二九日まで計七五回『時事新報』の夕刊に連載し、それに加筆されたものが翌昭和六年二月に春陽堂から単行本『満支一見』として出版された（「跋」『満支一見』）。本の装幀や挿絵を担当したのは、奇しくも昭和二年に同じく満鉄の招待で旅行した画家の正宗得三郎であった［図②］。里見ほど多産ではないが、志賀は旅行から三年七ヶ月後の昭和八年九月、雑誌『中央公論』に旅行の経緯に触れた短篇小説「万暦赤絵」を発表し、かろうじて満鉄の「厚遇」に報いることができた（「万暦赤絵」）。

一方、満洲に招かれた文化人の特徴の一つは、歌人、俳人、詩人といった短詩形文学者の割合が高いことである。歌人では沼波瓊音《ぬなみけいおん》、大町桂月《おおまちけいげつ》、島木赤彦、与謝野鉄幹・晶子夫妻、斉藤茂吉、俳人では巌谷小波《いわやさざなみ》、河東碧梧桐《かわひがしへきごとう》、高浜虚子、臼田亜浪、詩人では野口雨情、北原白秋、佐藤惣之助など枚挙にいとまがない。長篇の紀行文とは異なり、場所ごとに詠まれた短歌、俳句と詩歌は、洗練された短い表現であるだけに、満鉄の公式ガイドブックでも重宝された。

図②　里見弴『満支一見』（春陽堂、1931年、装幀・正宗得三郎）

漱石が満洲に赴いた明治四二年一二月に、満鉄は『南満洲鉄道案内』という、本文一五七頁と広告三七頁からなる三六版サイズのガイドブックを創刊した。以後、大正元年一〇月、大正六年一月、大正八年六月、大正一三年九月、昭和四年一二月、昭和一〇年四月と延べ七回出版された。シリーズ三冊目となる大正六年版は扉の頁に

『南満洲鉄道旅行案内』のタイトルが併記され、四冊目の大正八年版からは『南満洲鉄道案内』のタイトルがなくなり、『南満洲鉄道旅行案内』のみとなった。タイトルの変遷に伴い、「鉄道案内」より「旅行案内」としての位置づけを前面に出し、内容の面においても「旅行便覧」など旅行者向けの実用的な情報を充実させるようになった。

短詩形文学が初めて『南満洲鉄道旅行案内』に登場したのは、シリーズ四冊目の大正八年版である。大正二年に渡満した巌谷小波や、大正七年に旅行した大町桂月の作品が、該当する観光地の箇所に挿入されている。たとえば、日露戦跡で有名な「旅順」の項目には「十万の戦骨かをる菊の花」という桂月の俳句が紹介されている。この句は昭和四年にJTB大連支部発行の鳥瞰図案内『旅順』や、昭和六年満鉄発行のパンフレット『旅順』などにも繰り返し転用され、旅順の定番イメージとして活用されるようになった。

満洲を訪れる文化人が増えるにつれ、『南満洲鉄道旅行案内』に登場する作品の数も多くなっている。昭和四年版には、有名観光地の説明文の締めくくりに、田山花袋や沼波瓊音、島木赤彦、野口雨情、与謝野晶子、河東碧梧桐、臼田亜浪などの作品が、まるで風景を切り取るスナップ写真の如く添えられている。

みたまやの青丹瓦にふりおける霜とけがたし森深くして（島木赤彦、大正一二年訪満）
竪坑下るときやケーヂにもたれ国の子も思ふ妻も思ふ（野口雨情、大正一五年訪満）

湯崗子蛙なくなる夕ぐれに柳のわたしのびくる窓（与謝野晶子、昭和三年訪満）

右の三首はそれぞれ、奉天郊外の歴史遺跡「北陵」、露天掘で有名な「撫順炭坑」、満鉄沿線の温泉地「湯崗子《とうこうし》」を詠む作品である。このように、昭和四年版の『南満洲鉄道旅行案内』は短詩形の文学表現を加味することで、荒寥たる曠野という旧来のイメージとは異なる、文化施設から近代文明までを充分に取り入れた情趣溢れる満洲の姿を呈示している。

文学者だけでなく、漫画記者や画家も招待者リストの中で大きなウエイトを占めている。大正一二（一九二三）年八月、世間一般の満洲理解を深めるために、満鉄は東京支社を通して大手新聞社一五社に案内状を出し、岡田一平をはじめとする著名な漫画記者二五名を招待する計画を立てた。[*5]当初、この企画を聞きつけた朝鮮総督府は、ぜひコースに朝鮮も入れてほしいと交渉したが、日程の都合上朝鮮行きは断念されたことに非常に落胆したと伝えられている（『満洲日日新聞』一九二三年八月五日、朝刊二面）。

この旅行は九月一〇日に出発する予定であったが、直前に起きた関東大震災の影響で中止されてしまった（『満洲日日新聞』一九二三年九月二一日、朝刊一面）。ただし、この時招聘リストに入っていた八名の漫画記者は、四年後の昭和二年五月、満鉄の再度の誘いで満洲へ旅立った。一行の顔ぶれは池部鈞《ひとし》（国民新聞）、服部亮英（東京朝日新聞）、細木原青起《せいき》（中外商業新報）、牛島一水《いっすい》（報知新聞）、小林克己（やまと新聞）、北沢楽天（時事新報）、水島爾保布《におう》（東京日日新聞）、宮尾しげを（東京毎夕新聞）であり、旅行中「八新聞数百万の読者に対し、和気藹々たる八笑人の卒直無邪気な報道」を連日繰り広げた〔図③④〕。そして、旅行から五ヶ月後の昭和二年一〇月に、各新聞にそれぞれ発表された絵と文は『漫画の満洲』と題される一冊として刊行された（池部鈞ほか『漫画の満洲』）。

大連現地の邦字紙『大連新聞』は、漫画団の来満中、「最近スバラシク民衆に刺戟を与へてゐる新聞漫画其他の傾向から見て之等の漫画団が帰国の晩、相当な成績をあげて呉れるだらうと期待されてゐる」と期待の声を挙げた（『大連新聞』一九二七年五月二一日、朝刊一面）。また、旅行後にも「効果良好」と満鉄の漫画団誘致を高く評価している（『大連新聞』一九二七年八月九日、朝刊一面）。

図③　細木原青起画「大道易者（小盗児市場所見）」「銭湯の垢すり」「朱夫人の阿片吸入の図」「朱大人」（池部鈞ほか『漫画の満洲』）

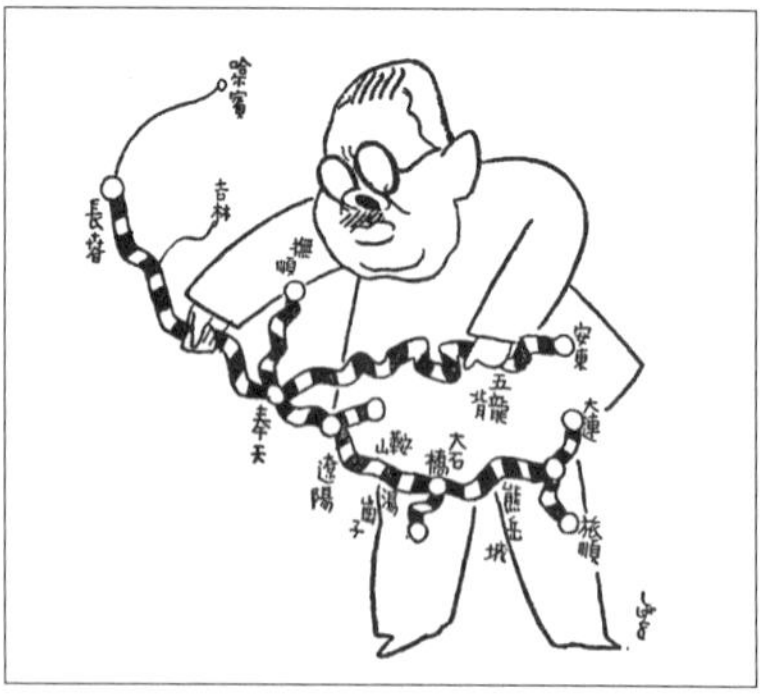

図④　宮尾しげを画（池部鈞ほか『漫画の満洲』）

画家に関しては、昭和二年の有島生馬、正宗得三郎を皮切りに、昭和三年には岡田三郎助、大隅為三、和田三造、昭和四年には田辺至、中沢弘光、岸田劉生、昭和五年には小杉放庵（未醒）、福田平八郎などの画家が相次いで満洲に招かれた。ＪＴＢ大連支部は当初、来満画家の絵画作品と来満作家の文章を取りまとめて「満洲案内記」として刊行する計画を立てていたが、円本流行後の出版界不況により、やむを得ずこの案を取り止めた。その後、昭和七（一九三二）年三月の満洲国建国を契機に、ＪＴＢ大連支部は同年五月、これまで保存していた小杉放庵、有島生馬、正宗得三郎、中沢弘光、田辺至の未発表の絵画作品六七点を公開し、「満洲風物絵画展覧会」と銘打って大連と奉天の二ヶ所で開催した。さらに昭和九年から絵はがきやクリスマス・カード、『満洲図絵』などにも絵画作品を「分割的に活用」している（『東亜旅行社満洲支部十五年誌』）。

一方、満洲旅行に招待される文化人は全員、満鉄やＪＴＢ大連支部の思い通りの満洲宣伝に寄与したわけではない。一部の文筆家たちは帰国後、「馬賊《ばぞく》」や「暗黒面」ばかり誇張する「興味本位の出鱈目《でたらめ》な視察記」を発表し、「文化の光燦然たる満洲の発展ぶりを紹介」してほしい招聘者側の期待を裏切ってしまうこともあった。昭和四年九月一五日の『大連新聞』には、「出もせぬ馬賊に／おほホラを吹く／乱暴な満洲視察者の悪宣伝／面くらふ満鉄」との見出しで、招待された名士を名指しで批判する記事が掲載された。

過日招聘に応じて来た小説家田山花袋氏は工事半の吉敦線を視察しバラスを積んだ工事列車に

便乗しようとして拒絶されたのを内地に戻つて排日熱がとても盛んで汽車にも乗せて呉れなかつたと与太《よた》り、詩人野口雨情氏は金を出せと馬賊に追ひかけられて危くやられるところだつたと吹き捲くつてゐる、ひどいのになると哈爾賓の裸踊りに旅費全部を蕩尽し馬賊に襲はれて旅費をまきあげられてしまつて弱つたなど女買ひまで馬賊のせひにする無茶な者すらあつた。この程来満した女流作家の中にも帰国後随分興味本位の出鱈目な視察記を発表し満鉄から詰問状をつきつけられた位である。

（『大連新聞』一九二九年九月一五日、夕刊二面、一部筆者が句点を補った）

このような満鉄側にとって不本意な満洲イメージの流布は、昭和七年三月の満洲国建国後にも昭和一二年七月の日中戦争勃発後にもなお続いている。昭和一三年一〇月四日付『満洲日日新聞』文芸欄には、次のような懸念の声が挙げられている。「満洲的なるものを「赤い夕日」や、「匪賊」の類ゐに求め、それらを色彩しなければ日本のヂヤーナリズムは、満洲を書いた作品と受取らないのではないかと思はれる点もある。編輯者ばかりでなく、読者自身が、さういふものでなければ、真実の満洲を納得しないのかもしれない。日本の実力が北、中支にまで及ぶ今日、満洲に対する内地人の認識がまだ正確でないのは情けないことの一である」（『満洲日日新聞』一九三八年一〇月四日、夕刊一版四面）と。

そして、昭和一三年頃から、満洲開拓移民団や満蒙開拓青少年義勇軍の国策に呼応して、大佛次郎をはじめ、小林秀雄、林房雄、和田伝、久米正雄、福田清人、近藤春雄、田郷虎雄、湯浅克衛、田村泰次郎、伊藤整、島木健作などの文筆家が、開拓文学の素材を求めに続々と渡満することになった。満鉄や満洲国政府、満洲拓植公社などが彼らに汽車のパスから送迎案内まで提供するその優遇ぶりを目の当りにし、満洲在住の文化人からはついに不満の声が噴出した。昭和一四年五月六日付『満洲日日新聞』文芸欄に、在満詩人の八木橋雄次郎は「誤れる待遇／地元の作家を生かせ」と題する意見を寄せ、「満洲開拓民の生活が今日の文学の好個の主題たり得ることは否めない事実である。それを内地作家が遥々とやつて来て視察し、文学作品化することも無意義なことではない。然し、それは内地の住民に対する宣伝用以外に何の役に立つといふのだ」と内地作家の宣伝効果を疑問視し、より地理的に恵まれる在満邦人作家を援助し活用すべきだと訴えかける（『満洲日日新聞』一九三九年五月六日、夕刊四面）。

これに対し、満鉄鉄道総局営業局旅客課勤務の佐藤真美による反論が、早速五月一一日から一三日にかけて、同文芸欄で三回に亘り連載された。鉄道総局とは、満洲国建国後、満洲国有鉄道の経営を受託した満鉄が昭和一一年一〇月に奉天で設立した、全満洲鉄道の総元締めをする部署である。その中に設けられた旅客課は、旅客運輸以外に、観光宣伝の業務も手がけている。

佐藤は八木橋の「地元作家を活用せよ」の訴えに対して、「非文学者である我々は、第三者の立場から見て、謂ふ所の満洲文学―在満邦人作家のものする文学が、日本の水準に達してゐるとはお世辞にも言ふ気を持たない」（『満洲日日新聞』一九三九年五月一二日、夕刊四面）と、在満邦人作家の無力さをきっぱりと指摘した。加えて、内地作家が満洲を題材に文学作品を書くことは「無意義なことではない」どころか、「極めて必要有意義なこと」であり、「更に、それは「内地の住民に対する宣伝以外に何の役に立つといふのだ」と言はれるよりも、その宣伝のためにこそ必要なのだ」(『満洲日日新聞』一九三九年五月一三日、夕刊四面)と、内地作家招聘の意義を力説した。

日満綴方使節

昭和一四(一九三九)年八月、満鉄鉄道総局営業局旅客課の主唱により、これまでの「名士」とは違う異色なお客さんたちが満洲旅行に招待され、日満両国で大きな反響を呼び起こした。満鉄・東京日日新聞・大阪毎日新聞共催の下に、日本全国の小学生から選抜された綴方《つづりかた》の上手な一〇名からなる「日満綴方使節」である[図⑤]。

学生の満洲旅行といえば、明治三九(一九〇六)年夏に行われた陸軍省・文部省主催の満韓修学旅行を皮切りに、中等学校生の修学旅行や高等学校生、大学生の夏季旅行などが大正から昭和を通して全国的に行われてきた。一方、小学生の満洲旅行はまだ前例が少なく、昭和一〇年から一四年までの毎年、新潟実業組合連合会の主催による市内小学生の北鮮、大連見学旅行が挙げられるくらいである(新潟市義務教育史編集委員会『新潟市義務教育史　昭和編(一)』)。今回の小学生を対象とする「日満綴方使節」の招聘は、満鉄にとっても創業以来初の試みであった。

発案者は前述の佐藤真美と同じく満鉄鉄道総局営業局旅客課勤務の山田健二という人物である。

東日小學生新聞

日滿綴方使節

選《え》ばれた晴《は》れの十名《めい》

佳作《かさく》の二十名《めい》もきまる

勉《べん》強《きやう》と親《しん》善《ぜん》の輝《かゞや》く大《だい》使《し》命《めい》

入選

佳作

選者《せんじや》のことば

本社學藝部長　久米正雄

私《わたくし》たちの使節《しせつ》

八月《ぐわつ》十日《とうか》東京《とうきやう》出發《しゆつぱつ》

團長《だんちやう》は木内《きうち》キヤウ先生《せんせい》

響《ひゞき》の使節

図⑤　『東日小学生新聞』1939年7月23日、1面

山田は明治三六年東京府に生まれ、小学二年の時、家族とともに満洲に渡った。旅順工業大学卒業後、満鉄に勤める傍ら童話創作にも精力を傾注し、『高粱の花輪』（新生堂、昭和九年）、『慰安車』（新報社、昭和一〇年）、『少年義勇軍』（満鉄社員会、昭和一三年）、『国境のお友達』（童話春秋社、昭和一六年）、『娘々祭の頃』（国民画報社、昭和一八年）などの童話集を相次いで刊行した（植民地文化研究会編『《満洲国》文化細目』）。

山田は子供向けの文学だけでなく、子供向けの宣伝にも常に関心を寄せている。「大人を動かすことは、単にその大人一人を動かすだけに止まる場合が多い」が、「子供を動かすことは、結局その家庭と学校を動かすことである」。「学校と家庭……換言すれば子供と婦人を根柢としない一つの運動や宣伝は多くの場合、砂上に築き上げた楼閣に等しい」と、山田は「子供を動かす」ことの重要性を深く認識している（山田健二「日満綴方使節／新しき満洲認識運動」）。

昭和一三年の年度末、山田は以前から構想していた「日満綴方使節」の案を上司に提出した。それは日本の小学生から綴方を募集して男女各五名の綴方使節を選出し、満洲各地を見学させ、帰国したら綴方を書かせ、それを一冊の文集にまとめて出版するという内容だった（山田健二「満鉄と児童文化――日満綴方使節のこと」）。

当初、費用がかさむことで難色を示されたが、上司の承認にこぎつけた山田は早速友人のいる『東日小学生新聞』に計画書を持ち込んだ。東京日日新聞傘下の『東日小学生新聞』は、大阪毎日新聞傘下の『大毎小学生新聞』とともに、日本内地随一の日刊小学生新聞である。昭和一四年頃、読者数は東西合せて五〇万人に達するといわれていた（「日満綴方使節／新しき満洲認識運動」）。「日満綴方使節」の費用は一切満鉄持ちということもあり、東京日日新聞社側で共催の話がとんとん拍子でまとまった。計画書が持ち込まれた翌日（六月一六日）の『東京日日新聞』並びに翌々日の『大阪毎日新聞』の紙面に、早くも社告「日満綴方使節派遣」が発表された。応募資格は「満洲、支那、朝鮮を除く全日本の小学五、六年生の男女」と限られ、テーマは「少年義勇軍を励ます手紙」「満洲大陸守備の勇士を慰問する手紙」「満人学童に送る親善の手紙」「満洲を思ふ」の四つから選ぶように指定されている。社告の冒頭には催しの趣旨について次の如く述べられている。

満蒙開拓青少年義勇軍の大挙入満により少国民の満洲に対する知識慾は拍車をかけられ、過般満鉄主催で日本内地十三都市に開いた開拓地紹介展の入場の過半数が小学上級生であつたとの統計が現れたことは誠に喜ばしいことである、この絶好の機会に本社は満鉄鉄道総局と共同主催のもとに〝次の世代〟を背負つて立つ小学五、六年の上級生に深く満洲を認識せしめ東亜建設の大目的と実情を純真な少年、少女の頭に植ゑつけるため左記の規定により見学団〝日満綴方使節〟を満洲国に派することとなつた、大方の御理解を得て少国民の奮つて応募されんことを期待する次第である。

（『東京日日新聞』一九三九年六月一六日、朝刊二面）

「満蒙開拓青少年義勇軍」とは、前年の昭和一三年度から本格的に始動した、青少年移民を満洲に送り込む国策のことである。応募資格は「数へ年十六歳（早生れは十五歳）から十九歳（但し十二月二日以降生れの者に限り二十歳でも差支なし）迄」の、「尋常小学校を修了したる者」となっている（「満蒙開拓青少年義勇軍募集要綱」『新満洲』三―七）。また「開拓地紹介展」とは、昭和一四年三月下旬から四月下旬にかけて、満鉄が三重県など内地一一の県で開催した「満洲事情並開拓現地状況紹介展覧会」のことと思われる。このような満鉄を含む各団体主催の満洲開拓関係博覧会・展覧会は、昭和一三年八月から一四年九月までだけでも日本各地で計四六回開かれている（『満洲移住月報』六、『満洲開拓月報』二―六）。開拓宣伝の活況とは裏腹に、満蒙開拓青少年義勇軍は初年度（昭和一三年）の募集予定人員三万人に対し、送出数は二万一九九九人に止まり、二年目の昭和一四年度には早くも応募者が激減し、実際の渡満人員は八八八七名に過ぎなかった（満洲開拓史復刊委員会編『満洲開拓史』）。

このような募集難の状況のなか、「日満綴方使節」は青少年義勇軍の予備軍となる尋常小学校五、六年生を対象とし、後援者に「拓務省」の名を連ね、課題に「少年義勇軍を励ます手紙」を入れ、さらに、満洲旅行の日程に「満蒙開拓訓練所」を組み込むなど、山田が自負する如く「極めて時宜に適した国策的な催し」であった（「日満綴方使節／新しき満洲認識運動」）。

興味深いことに、六月一七日の『東日小学生新聞』に掲載された社告「満洲へ綴方使節／私達の代表を送る／わが社が全国から選抜」には、なぜか「青少年義勇軍」のことは一切触れられていない。「皆さんは満洲国が兄弟の国であることを、よく御存じですね。新東亜建設の時にあたつて、両国はいよ〳〵仲よく手を握らなければなりません。この度わが社は皆さんに満洲を一層よく知つて頂くため、満鉄鉄道総局と共同主催で、文部、拓務両省、関東局、満洲大使館等の後援を得て、五、六年の皆さんから綴方を募集して、その成績により、代表使節を満洲へ送つて、各地で見学、交驩をして頂くことになりました」と、「親善」の側面を強調するだけであった（『東日小学生新聞』一九三九年六月一七日、一面）。二通りの社告を比べてみると、東京日日と大阪毎日新聞の方には「〃次の世代〃を背負つて立つ小学五、六年の上級生に深く満洲を認識せしめ東亜建設の大目的と実情を純真な少年、少女の頭に植ゑつけるため」と、企画する大人側の真意がより明確に示されていることが分かる。

東京日日と大阪毎日の両新聞では、募集の社告から七月二二日の結果発表まで特に関連記事が掲載されていないが、それに対して、『東日小学生新聞』では六月二三日から締切日の七月五日まで、休刊日を除いて、一一回連続で「日満綴方使節のために」と題するキャンペーン記事が掲載されている（熊木哲「「日満綴方使節」とその作品――昭和十四年「東日小学生新聞」の懸賞「綴方」について」）。内容構成は「満洲の大切な訳」（二回、東京日日新聞東亜課長・田中香苗）、「満洲の都会と特色」（三回、毎日小学生新聞編輯部・孝学武彦）と「満洲の美しさ」（六回、文部省図書監修官・石森延男）で、政治、経済、人文、風土の各方面から満洲を紹介している。それに加え、六月二五日には、「我等の代表を待つ満洲」とのタイトルで見開き二面分の写真記事が掲載され、実際の応募に先立ち、まず紙上での満洲見学を以て、視覚的な満洲イメージを膨らませようとした。写真は計一一葉あり、新京、大連、旅順、奉天、撫順、ハルピン、承徳といった主要都市の風景以外に、平和で楽しそうな「満洲の子ども」や、満鉄による満洲開発の象徴である超特急「あじあ号」、北満に進出する「われらの開拓者」「移民団の一家」などの姿も映されている。このように、一一回連続のキャンペーン記事及び一回の写真記事は、応募者に参考資料を提供すると同時に、「読者に満洲認識運動を兼ねた一石二鳥の試みであった」（「日満綴方使節／新しき満洲認識運動」）。

綴方の応募期間は募集発表の六月一六日から七月五日までの短期間であり、しかも農村部では農繁期に重なる多忙な時期であった。それにもかかわらず、北海道から台湾まで計二三九五篇の応募が殺到した（『東日小学生新聞』一九三九年七月一九日、一面）。山田はわざわざ東京まで出張し、一週間ほど東京日日新聞本社の一室に閉じこもり、全応募作品から候補作三六篇を選び出した。応募の経緯について「多くの学校では、綴方の時間に、受持の先生が先づ「満洲の話」をしてから全生徒に前記の課題の一つを選ばせて綴らせ、その内の優秀篇のみを応募してよこしたことが、明かに読み取られた」と山田は推測するが（「日満綴方使節／新しき満洲認識運動」）、なかには「両親にも先生にも相談せず思ひのまゝに」綴った子供もいた（『大阪毎日新聞』一九三九年七月二三日、朝刊七面）。

予選を突破した三六篇に対し、東京日日新聞学芸部長の久米正雄をはじめ、東日及び大毎小学生新聞顧問を務める菊池寛、久留島武彦、安倍季雄の三氏、それに石森延男を入れて計五名が最終審査を行い、入選作一〇篇を選出した。審査員のうち、満洲に縁が深いのは久米、菊池と石森の三名である。久米と菊池は昭和五年九月、別々に満鉄に招かれて満洲を旅したことがある。とりわけ、久米の方は昭和一四年春にも通俗小説の取材に二度目の訪満を果たし、「日満綴方使節」出発直前の昭和一四年八月三日から、東京日日と大阪毎日の両新聞紙上に『白蘭の歌』を連載し始めた。連載と同時進行で、小説原作の映画も東宝映画と満洲映画協会の共作で封切られ、李香蘭主演の「大陸三部作」の一作目として大ヒットを記録した。一方、石森は明治三〇年札幌市生まれ、東京高等師範学校卒業後、大正一五年から南満洲教育会教科書編輯部に勤め、『満洲補充読本』の編纂を担当する。第四期国定国語教科書に収録された「大連だより」「朝の大連日本橋」「「あじあ」に乗りて」なども執筆し、昭和一四年三月、「日満綴方使節」が実施される数ヶ月前、一三年間暮らしていた大連を引揚げ文部省図書監修官に栄転したばかりであった（喜田滝治郎ほか編『石森先生の思い出』）。

入選作一〇篇の内訳は、「少年義勇軍を励ます手紙」と「満洲を思ふ」が三篇ずつ、「満洲大陸守備の勇士を慰問する手紙」と「満人学童に送る親善の手紙」が二篇ずつである。そのなかの一篇、長崎市勝山尋常小学校六年生の堤享子が書いた「少年義勇軍を励ます手紙」は次のように始まる。

私のをぢさんは、満洲国北安省伊拉哈《いらは》訓練所の教学教士をしていらつしやいます。先日このをぢさんから、少年義勇軍の絵はがきを一組送つていたゞきました。その絵はがきの中に、「現地入り」として、汽車の窓から少年義勇軍の皆さんが、半身を乗出したり、昇降口に立つて笑ひながら、集つて来た満洲人の子供たちと、戯れてをられるのがあります。私も思はずほゝゑみました。まるで修学旅行の時のやうな、にぎやかな喜びが、皆さんの顔にいつぱいみなぎつてゐるのですもの。それに、何か果物でせう、小さい満洲の女の子供が、重さうな籠を皆さんにさしあげてゐます。大人のむづかしい満洲の話よりも、皆さんに笑ひかけてゐるこんな子供の姿が、私たちには一番うれしいのです。

この手紙で取り上げられた「をぢさんからの絵はがき」は、昭和一三年頃、満洲拓植公社が発行したものと思われる［図⑥］。絵はがきの右下には「現地入り！　途中に於ける訓練生と満人児童との親善」と書かれており、堤が述べている笑顔が、写真いっぱいに広がっている。

そして、手紙の最後のあたりに、「それから、満洲人の子供をかはいがつて下さい。今は汚くつても、あなた方にかはいがられたら美しくきれいになると思ひます。さうしてあなた方の村で合唱される日満親善の朗かな歌が、必ず日本の空までひゞくことでせう」と、冒頭の部分にうまく呼応している（満鉄鉄道総局・大阪毎日新聞社・東京日日新聞社編『綴方満洲』）。一小学生の目線からとはいえ、かわいがる立場にいる「指導民族」の少年義勇軍と、かわいがられる立場に置かれる満洲の子供との力関係が、的確に捉えられていることが分かる。

いよいよ八月一〇日に、綴方使節一行はお揃いの団服を纏《まと》い、日本初の女性小学校長木内キヤウの引率のもとで、満洲旅行の壮途についた。この旅行は、新聞、ラジオ、映画など各種メディアか

図⑥　満洲拓植公社発行の絵はがき

ら多大な注目を浴びている。『東日小学生新聞』では、随行記者による「綴方使節だより」が連日のように紙面を賑わしている。ラジオでは、奉天に到着した翌一三日の夜に、「ようこそ綴方使節」と題する二五分間番組として、使節による当選綴方の朗読と現地小学生との座談会の模様が、奉天中央放送局から全満向けに中継された。以後、奉天を振り出しに、撫順、新京、ハルピン、大連、旅順などの主要都市を廻ったが、離満する前々日の二四日に、使節たちは大連中央放送局で旅行中の印象を書いた綴方を朗読し、「さやうなら綴方使節」と題して全満中継が行われた。映画撮影は一〇日東京出発の時から行われ、一八日新京で開催された歓迎大会の席で、早くも東京から奉天までの記録が「毎日ニュース映画」として上映された。使節の一人は「自分達のニュース映画を見て、知らずにゐる所をとられたトボケ顔などが出て来て、夜になつても笑ひ合つた」と日誌に綴った（立川照夫著、村松晴時編『日満綴方使節録』）。翌昭和一五年に、満鉄映画製作所も、奉天から大連までの映像を編集し、二三分間の文化映画『日満綴方使節』として完成させた。

綴方使節は満洲の至るところで、いわば「国賓」並みの厚遇を受けている。現地小学生からの歓迎はもちろん、関東軍司令官や満洲国総理大臣、奉天、新京、ハルピンの各市長、満鉄総裁代理など、各界の要人とも会見を果たした。各地では欠かさずに神社や忠霊塔、戦跡を参拝し、陸軍・海軍病院への慰問や満蒙開拓哈爾濱《ハルピン》訓練所の訪問も行った。

満洲拓植公社の案内でハルピン郊外にある満蒙開拓訓練所を見学した時、京都市第二衣笠尋常小学校五年生の栗栖静枝は、八〇〇〇ヘクタールもある敷地の広大さに驚きながら、「くんれん所の真中に高く日の丸がひるがへつてゐます。一番にこれが目につくと、私は思はず最敬礼をしました。この広い所でをがむ日の丸のありがたかつたことは、口では言へません」と、感慨をこぼしている（『綴方満洲』）。

また、「日満親善」の使命を担い、現地の小学生と交歓する使節たちは、満洲国の一年生が習っている日本語の上手さや、白系ロシア人学童が「愛国行進曲」を日本語で歌ってくれたことに感激した。そして、「満洲国と日本とが手をにぎりあつていくのには、満洲国の皆さんが日本語を習つて、日本人と同じ生活をしていつたら、日満親善はます〳〵固くなるだらうと思ひました」（『綴方満洲』）や、「私は日本に生れた事をしみじみ有難く感じました」（『綴方満洲　日満綴方使節の作品集」）などの感想を吐露している。日本という国の優位性と日本人としてのありがたさは、ここ満洲において、より実感をもって感じられたのであった。

二〇日間の満洲旅行を終え、綴方使節団は帰国の途についたが、関連行事はその後にも続いていた。満鉄は新学期の始まりに合わせ、九月九日、一一日、一三日に、宮城、埼玉と山梨にある使節三人の出身校でそれぞれ座談会などの催しを開催した（『東日小学生新聞』一九三九年九月六日、二面）。そのうち、山梨県西八代郡高田尋常小学校では、九月一三日午後三時より同校出身の使節立川照夫の「帰朝報告」と座談会が開かれ、満鉄東京支社の社員や県社会課の職員、近所の学校の教員などが参集した。続いて夜六時半からは歓迎の学芸会と綴方使節ニュース映画の上映会が行われた。同年一二月、立川照夫の入選作と満洲旅行日誌などを収録した五二頁の小冊子『日満綴方使節録』が、同校訓導の編集のもとで刊行されている。さらに翌昭和一五年六月には、満鉄は当初の計画通り、綴方使節全員が綴った旅行記や、審査員、引率者など関係者の寄稿、及び当選作一〇篇、佳作二〇篇を取りまとめ、単行本『綴方満洲』として出版した。定価は一円二〇銭、二九四頁にも及ぶ「美しい満洲紹介の模範綴方集」であった（『綴方満洲』）。

一回目の成功に鑑み、満鉄は三年後の昭和一七年に、東京日日・大阪毎日の両新聞社との共催で「満洲国建国十周年慶祝」と銘打つ二回目の綴方使節イベントを実施した。応募数は三三七六篇もの多数に上り、前回を一〇〇〇篇近く上回った（『少国民新聞』〔東日版〕一九四二年七月三〇日、一面）。二度に亘る「綴方使節」の催しを通して、満鉄は選出された二〇名の子供だけに止まらず、その家庭や学校をも動かす一大「満洲認識運動」を繰り広げていったのである。

漱石の旅から三十数年、文化人から小学生まで、大勢の日本人が満鉄などの招待で満洲へと旅立ち、夥しい数の旅行記を生み出した。そこから紡ぎ出された満洲イメージは、「曠野《こうや》」「夕日」「馬賊」「苦力《クーリー》」といった「異国」的情緒と、「戦跡」「満鉄」「関東軍」「拓士」といった「国威」発揚につながる思想とを織り交ぜたものであった。このような満洲イメージは、日本人を大陸雄飛へと駆りたて、また、結果的には、満洲国の崩壊とともに、彼らを帰らざる旅路に誘《いざな》ってしまうことにもなったのである。

1——夏目漱石『満韓ところ〲』の引用は、春陽堂、一九一五年八月発行、一九一七年九月の第一〇版を使用した。

2——漱石の満韓旅行の日程については、清水孝純・桶谷秀昭「注解」(夏目金之助『漱石全集』第一二巻、岩波書店、一九九四年)と、夏目漱石『漱石全集』第一三巻「日記及断片」(岩波書店、一九六六年)を参照した。

3——弘報係は大正一二年四月社長室直属の組織として誕生したあと、幾度もの職制改正により、その所属は大正一四年社長室文書課、昭和二年四月社長室情報課、同五年六月総務部庶務課にそれぞれ変わり、さらに昭和一一年一〇月には総裁室弘報課の新設とともにその一係として所属し、弘報第一係と改称した(松本豊三「満鉄と弘報業務」)。

4――この本には「大連支部が南満洲鉄道株式会社運輸部内に設置された」と書かれているが、大正元年当時の職制は正確には「運輸課」であるため訂正した（松本豊三編『南満洲鉄道株式会社三十年略史』）。

5――『満洲日日新聞』一九二三年八月五日、朝刊二面。なお、漫画記者二五名の顔ぶれ、所属及び出発予定日は、「漫画団満鮮旅行ニ関スル件」一九二三年八月二三日、外務省外交史料館所蔵、JACAR（アジア歴史資料センター）Ref.B03040696200を参照した。

コラム① 歌と満洲

高媛

「こゝはお国を何百里／離れてとほき満洲の／赤い夕日にてらされて／友は野末の石の下」――これは日露戦争直後から太平洋戦争の終戦まで長く愛唱された軍歌『戦友』の歌い出しである。真下飛泉《ましもひせん》作詞・三善和気《みよしかずおき》作曲のもと、日露講和条約の調印日からちょうど一週間後の明治三八（一九〇五）年九月一二日に誕生した『戦友』は、現在まで続く「赤い夕日」という満洲イメージの源流を作った歌といわれる。

　昭和五（一九三〇）年、長野県の農家の二男に生まれた湯澤政一《まさいち》さんも、幼い頃からこの歌になじんでいた一人である。日露戦争勝利の年（明治三八年）に生を受けた政一さんの母親は、政一さんら兄弟八人の子守唄として『戦友』を口ずさんでいた。母の歌声と『戦友』の詩が醸し出す情景は、政一さんらの心に原風景として刻み込まれ、未だ見ぬ満洲に郷愁のようなものをかき立てることになった。

　昭和一九年三月、国民学校卒業と同時に政一さんは、親元を離れ、茨城県内原にある満蒙開拓青少年義勇軍内地訓練所に入所する。内原の訓練期間は通常二ヶ月であるが、政一さんは体格が小さいため一年間訓練を行い、終戦の五ヶ月前に満洲へと渡った。義勇軍への志願を決意させたのは、よくある担任教員からの勧誘ではなく、国民学校五年生の頃、夢中になって読んだ山中峯太郎の冒険小説『敵中横断三百里』である。『戦友』と同様、この小説もまた日露戦争中の満洲を舞台とし、敵陣の中へ潜入し決死の偵察活動を行う騎兵斥候隊の活躍を描いたものである。『敵中横断三百里』は昭和五年四月号から九月号まで『少年倶楽部』に連載され、翌年三月刊行の単行本はその後満洲事変に喚起された満洲ブームともあいまって、一〇ヶ月で八二版を重ねるベストセラーになった（『読売新聞』一九三二年一月五日、朝刊一面）。

「大興安嶺という字を読んだだけで、私もう心が躍り血が騒ぐというくらい、その本を読んだときから満洲にあこがれました。その本の中に出てくる匪《ひ》賊《ぞく》、馬賊《ばぞく》にもあこがれて、そして義勇軍を志したわけです」と、生還した政一さんは後年述懐している（満蒙開拓を語りつぐ会編『下伊那のなかの満洲　聞き書き報告集』九）。

『敵中横断三百里』にも登場し、政一少年に満洲への夢を膨らませた「馬賊」は、すでに大正一一年頃流行《はや》り出したある歌を通じて、「赤い夕日」と並ぶ満洲の定番イメージとして広く知られるようになった。宮島郁芳作詞、鳥取春陽作曲、かの有名な「僕も行くから　君も行け／狭い日本にゃ　住みあいた／浪の彼方にゃ　支那がある／支那にゃ四億の民が待つ」から歌い起こされ、「くり出す槍の　穂先より／龍が血を吐く　黒龍江／月は雲間を　抜け出でて／ゴビの沙漠を　照らすなり」と締めくくられる全一〇連の『馬賊の唄』である。故国を遠く離れ、馬賊の一員として曠野を駆け抜ける「大陸浪人」の悲壮感は、威勢のよい歌のなかで大陸雄飛のロマンへと聖化されていく。そしてやがて、そのロマンは憂国の気概を持って満洲開拓の国策に応じる昭和の青少年たちの心に響いていったのである。

湯澤政一さんより五つ年上、大正一四（一九二五）年東京浅草に指物《さしもの》職人の長男として生まれた斎藤一男さんも、海外雄飛の夢を見ていた一少年である。七歳にして父を亡くした不遇からの脱出願望と、学校で教え込まれた満洲開拓の使命感に駆られ、一男さんは親の反対を押し切って義勇軍に志願した。昭和一五年三月からの三ヶ月間、渡満前の基礎訓練

日章旗と満洲国旗を先頭に、訓練所がある満洲の村へ行進する義勇軍（満洲拓植公社発行の絵はがき）

を受けた内原訓練所で、一男少年は何度も繰り返された「軍歌演習」のことをよく覚えている。

昔から軍歌といわれて歌いつがれてきたものから、軍国歌謡といわれる流行歌も含め、行進に合う歌を片っ端から歌わされた。四列縦隊の各小隊が大きく円形を作って行進し、右側二列が最初の一小節を歌う。次に同じ小節を左二列の者が繰り返し歌うという方法で、入所した後支給されているポケット版の「吟詠集」に載っている歌を、次々と約三十分以上喉が痛くなるくらい歌った。「戦友」「討匪行」「露営の歌」「日本陸軍の歌」「愛国行進曲」「愛馬進軍歌」など。そして、自分たちの「植民の歌」「我らは若き義勇軍」「満州開拓の歌」などを声を限りに歌った。こうしたことは各所で行われたことで、行軍の道中はもちろん松林開墾作業の行き帰りにもよく歌ったものである。

（斎藤一男『波瀾坂』）

ここに挙げられた歌は、日露戦争前後に作られた『戦友』と『日本陸軍の歌』の二曲を除き、ほぼすべてが満洲事変とりわけ日中戦争勃発以降、軍や新聞社、レコード会社などの企画のもとで相次いで生み出されたものである。なかでも『われらは若き義勇軍』は、義勇軍の国策が本格的に実施された昭和一三年四月一日、拓務省の外廓団体である満洲移住協会が宣伝誌『拓け満蒙』で歌詞を公募した際の一等入選歌である。作詞者は愛媛県出身の化粧品小売業を営む二一歳の文学青年・星川良夏で、のちに満洲移住協会の委嘱により作曲家の飯田信夫が曲を付した（『拓け満蒙』二―七〜九、一九三八年七月〜九月）。

われらは若き　義勇軍／祖国の為ぞ　鍬とりて／万里涯なき　野に立たむ／いま開拓の　意気高し／いま開拓の　意気高し

われらは若き　義勇軍／祖先の気魄《きはく》　享《う》けつぎて／勇躍夙《つと》に　さきがけむ／打ち振る腕に　響あり／打ち振る腕に　響あり

われらは若き　義勇軍／秋こそ来《きた》れ　満蒙に／第二の祖国　うち樹《た》てむ／輝く緑　空をうつ／輝く緑　空をうつ

われらは若き　義勇軍／力ぞ愛ぞ　王道の／旗ひるがへし　行くところ／見よ共栄の　光あり／見よ共栄の　光あり

『われらは若き義勇軍』は、壮行式や日本を発つ港でよく斉唱され、義勇軍の闘魂を揺さぶる代表的な行進曲として、広く愛唱されることになった。

一方、勇壮な『われらは若き義勇軍』とは対照的に、満洲現地の訓練所では秘かに口伝えされた数え歌がある。

一つとせ、人の嫌がる義勇隊、志願で出て来る馬鹿もある。

二つとせ、両親離れて来たからにゃ、面会とてさらになし。

三つとせ、見返り坂に来てみれば、屯墾《とんこん》起きるも
無理もない。
四つとせ、夜の夜中に歩哨に立てば、瞼に浮ぶ母
の顔。
五つとせ、いつも幹部の言う事は、精神修養せに
ゃならぬ。
六つとせ、向こうに見えるは七台河《しちたいが》、乗って帰ろ
かあのバスで。
七つとせ、長い訓練後のため、後輩指導せにゃな
らぬ。
八つとせ、山中育ちの俺たちは、高粱《コーリヤン》めしは食
いあきた。
九つとせ、ここらで死んだら俺たちは、ヨモギの
こやしになるじゃろな。
十とせ、とうとう長い三年も、とうとう終わりと
なりました。

これは、昭和一六年長野県から北満の勃利大茄子《ぼつりだいなす》訓練所に入所した第四次義勇軍北村中隊の作と言い伝えられている（市川忠次「わが青春の記」）。訓練生の間では、「六つとせ」のところの「七台河」を自分の訓練所付近の地名に入れ変えたりして、広く歌いつがれていたようである。厳しい義勇軍の生活実態と、望郷の念にとらわれる訓練生の胸中は、この一篇の数え歌から如実に示されることとなった。

第二章

義勇軍設立と内原訓練所の日々

松田睦彦

長野県飯田市の座光寺国民学校高等科の卒業式を終えた湯澤政一《まさいち》少年が家の門さきで家族に見送られ、満洲への旅路の第一歩を踏み出したのは昭和一九（一九四四）年三月二三日のことであった。もう二度と父母や兄弟には会うことができないかもしれない、という悲しみよりも、満洲に行くことができるという喜びに包まれた出発であった。

そもそも政一少年が満洲に興味を抱いたのは、小学五年生のときに『敵中横断三百里』（山中峯太郎著）という子供向けの本を読んだのがきっかけである。日露戦争で活躍した斥候《せっこう》の話だ。その本に出てきた、ロシア兵と戦う「匪賊《ひぞく》」や「馬賊《ばぞく》」にもあこがれた。そんな政一少年にとって、下伊那農学校で五日間にわたって開かれた満蒙開拓青少年義勇軍の拓務訓練は、夢のような時間であった。渡満経験者から満洲での体験談を聴き、満洲国人からも直接満洲の話を聴く。映画も見る。飯田市内の行軍も、少年たちには誇らしい経験だったであろう。そして、元陸軍少将で、当時、義勇軍の内原《うちはら》訓練所の副所長を務めていた今井文二の講話。

二日目二二日は始めての朝であつた。この朝、日本の朝であると共に満蒙の朝であつた。

拓務訓練後に提出することが義務づけられていた感想文に、政一少年はこのように綴っている。

拓務訓練を終えた一〇月下旬から三月の出発まで、政一少年は胸を張って残りの学校生活を過ごしたという。

卒業式の翌日、家族に送られた政一少年は、一緒に内原へと出発する二人の同級生とともに小学校脇の麻績《おみ》神社で「武運長久」を祈願し、小旗を振る全校生徒を前に三人を代表して挨拶した。出征兵士同様の見送りである。その後、座光寺駅から列車で飯田駅まで行き、下伊那郡内から集まった入所者で小隊を編成する。そして大宮神社で再び祈願をしてから、市中を四列縦隊を組んで飯田駅まで向かい、列車で長野へ行く。長野では、諏訪、上伊那の小隊と合流して両角《もろずみ》中隊が編成された。翌二四日、長野市を中心とする頓所《とんどころ》中隊、松本市を中心とする斉藤中隊とともに特別列車で内地訓練所のある内原へと向かった。

内原で彼らを待っていたのは、所長である加藤完治その人であった。加藤は、まだ薄氷の張る営門脇の水田に裸足で入り、みずから土を盛り上げて畝を作っていた。

満蒙開拓青少年義勇軍の設立

内原訓練所は満蒙開拓青少年義勇軍内地訓練所として国内に唯一設置された訓練所であり、所在地は茨城県東茨城郡下中妻村内原（現・水戸市内原町）であった。

昭和一二（一九三七）年一一月三日に近衛内閣と内閣参議に提出された「満蒙開拓青少年義勇軍編成ニ関スル建白書」（農村更生協会理事長・石黒忠篤、満洲移住協会理事長・大蔵公望、満洲移住協会理事・橋本伝左衛門、同・那須皓、同・加藤完治、大日本聯合青年団理事長・香坂昌康の連名で提出）をうけて、一一月三〇日には、

現下満洲国の実情に鑑み速に多数の日本内地人を満洲に移住定着せしむるの要あるところ、既定計画たる壮年の移民のみを以てしてはこの必要を充すことは困難なるに付、政府においては昭和十三年度より可及的多数の青年移民を実施し、もって非常時局に対応するため昭和十三年度および昭和十二年度追加予算に計上の方針をもって、急速に具体案の作成に努むること

とする閣議決定が行なわれる（「満洲に対する青年移民送出に関する件」）。これにそって拓務省・陸軍省・関東軍・海外拓殖委員会・満洲移住協会・満洲拓植公社の関係者の合議のうえで、一二月二二日に「青少年開拓民実施要領」が定められた。

このなかで「青年移民」の目的は「我か肇国の大理想たる八紘一宇の精神の顕現たる、満洲建国を紹恢して、日満一体の実現を促進する為、概ね十六歳乃至十九歳迄の青年を多数満洲に送出し、大量移民国策の遂行を確実且つ容易ならしめ、以て東洋安定の根基を確立せんとす」とかかげられ、内地訓練についてはつぎのように記された。

青年移民訓練所を特設し応募者に対し約二ヶ月間心身を鍛錬し、建国精神の徹底及協同精神

の涵養を期す。而して之か実行は満洲移住協会をして之に当らしめ、訓練所建設に要する経費並に訓練諸費用は政府に於て之を負担するものとす。

右二ヶ月間の訓練期間は輸送並に現地施設等の関係より短縮することあるへし。

こうした実施要項にしたがって設置されたのが内原訓練所である。運営には満洲移住協会があたり、昭和二〇年九月二五日の訓練所の閉鎖まで、所長は加藤完治が務めた。

さて、この決定から訓練所の開所まで、施設の建設および訓練生の募集が驚異的な速さで進められた。それは実施要領に明記された昭和一三年度に三万人（当初は五万人の計画だったが、予算折衝の過程で変更）を送出するという計画を実現するために、逆算的に導き出された強行日程であった。寒冷地である満洲では、三万人を収容する訓練所を四月終わりから一〇月いっぱいまでの半年間に建設しなければならない。したがって、その作業にあたる先遣隊五〇〇〇人を四月二〇日ころまでに二ヶ月間訓練するためには、二月二〇日には内地訓練所に入所していなければならない、という計算である。

そこで、まず着手されたのは先遣隊五〇〇〇人を訓練するための施設の建設であり、その建設にあたる建設班の募集である。一月末を締め切りとした山形・宮城・香川・群馬・新潟の各県における建設班への応募は六五三人に達し、内原訓練所の建設が進められた。[*1] 訓練所用地は加藤完治が校長を務める日本国民高等学校が払い下げを受けた国有林の一部、二七町歩を基本とし、買収した民

図①　内原訓練所。左に本部、中央右に望楼があり、その周囲には日輪兵舎が点在している。手前は弥栄広場（『写真集　満蒙開拓青少年義勇軍』）

図②　日輪兵舎。5棟で1個中隊となる（『写真集　満蒙開拓青少年義勇軍』）

有地を含めると四四町歩あまりとなった。
さて、内原訓練所の建設主体は満洲移住協会であった。しかし、実際にその業務にあたったのは日本国民高等学校の教職員である。
右のように訓練所の設立は急を要するものであり、建設班を動員した建設作業はまさに突貫工事であった。そこで採用されたのが、構造が単純で工期が短く、なおかつ多くの人員を収容することが可能な「日輪兵舎」である[*2][図②]。日輪兵舎はモンゴルのパオを模したもので、内壁には平板を張り、外壁には松材を半分に割って張った簡素な造りで、訓練生一〇人が五日で建てることができた。直径一一メートル、建坪三〇坪のこの兵舎に、一個小隊六〇人が生活することになる。
この日輪兵舎と本部や倉庫、大食堂を合わせると、およそ二〇〇棟の建物が昭和一三年元旦からほぼ二ヶ月で完成した。訓練生の入所は昭和一三年二月二六日からはじまり、第一陣の秋田県一七〇人、香川県三四〇人、福島県二六〇人を皮切りに、計画どおり五〇〇〇人が内原に集まった。その後も内原訓練所の建物は年々増加し、終戦直後には日輪兵舎および同タイプの建物三四七棟・普通建物五一棟・格納舎八棟の計四〇六棟を数えたという。

この内地訓練所の用地を内原とすることについては、実施要領を定める以前から既定路線となっていた。

日本国民高等学校では昭和七年の段階ですでに「第二部（次三男）教育」の目的として「意志鞏固の殖民養成」をかかげ、「殖民希望者、短期講習（満洲指導移民〔拓務省後援〕・武装移民〔在郷軍人会後援〕――筆者注）修了者等の指導援護に努め、移住地取得、資金融通等の斡旋を図」ることをあげており、実際に「満鉄沿線」「北満チヤームス」「朝鮮江原道平康面及泗東面」で移住地の取得や資金融通の斡旋といった活動を行なっていた（『農村に於ける特色ある教育機関』）。

また、同年、加藤完治が奉天に農業移民の訓練を行なう北大営日本国民高等学校を開設したほか、昭和九年に満洲に送出された義勇軍の濫觴《らんしょう》ともされる饒河《じょうが》少年隊にも日本国民高等学校の生徒が参加している。その後も昭和一二年の城子河《じょうしが》少年隊および哈達河《はたほ》少年隊の訓練も日本国民高等学校およびその内原農場で行なわれた。さらに、昭和一二年に関東軍が主導して実施した青少年農民の送出であり、義勇軍の先駆けである「満洲開拓青少年移民第一先遣隊」（伊拉哈《いらは》先遣隊）についても内原で訓練が行なわれている。日本国民高等学校は義勇軍設置以前から、満洲開拓移民の訓練拠点としての役割を果たしていたのである。

その背後には、建白書の提出者に名を連ねる石黒忠篤・橋本伝左衛門・那須皓らが農業移民の積極的な推進者であり、加藤完治の農民教育思想を旗印として、日本国民高等学校の設立にも大きくかかわったという経緯がある。彼らは東京帝国大学農科大学の同窓生であった。

こうした事情からもわかるように、日本国民高等学校が設置準備を進めていた拓殖部の訓練場予定地に義勇軍の内原訓練所が建設されたことは決して偶然ではない。訓練所長を日本国民高等学校の学校長である加藤完治が務めたことに象徴されるように、誤解を恐れずに言えば、内原訓練所は日本国民高等学校で設置予定であった拓殖部を、国策のもとに独立・拡大した組織だったのである。

さて、その後、内原訓練所には河和田分所（満蒙開拓青少年義勇軍訓練所河和田分所、旧・東茨城郡河和田村）が開設された。河和田分所は初年度の第一次訓練生の応募が予定を上回ったことや、送出可能期間の変更などをうけて計画された。[*3] 内原訓練所の東南約四キロに位置する国有林を中心とした二七町歩ほどの土地を切り拓き、昭和一四年末にはおよそ二〇〇〇人を収容する日輪兵舎や本部など約六〇棟が完成した。その後、昭和一五年から一六年にかけても増築が続けられ、終戦時には一五三棟になり、四五〇〇人もの訓練生を受け入れることができるまでに拡大した。

図③　加藤完治（『写真集　満蒙開拓青少年義勇軍』）

一方、河和田分所と岩間街道を挟んだ北側には河和田農場が開設された。畑五二町七反三畝、水田九町一反七畝、計六一町九反歩の農場は、各中隊が担当する「分担区」と共同で耕作される「共同区」に分けられ、水稲・陸稲・トウモロコシ・大豆・馬鈴薯・甘藷・小麦などの穀類や、ナス・トマト・里イモ・春菜・ゴボウなどをはじめとする蔬菜《そさい》類が輪作計画に沿って栽培され、収穫物は訓練生の給食にあてられた。さらに、昭和一八年以降は農林省の委託を受けて甘藷育苗が行なわれ、戦争末期の食糧増産の一端を担うこととなった。

訓練生の募集

満蒙開拓青少年義勇軍訓練生の募集は、一年間に三万人を送出するという「青少年開拓民実施要領」に明記された計画にもとづいて実行された。初年度、第一回の募集についてはとくに急を要したため、実施要領の閣議決定と同時に農村更生協会や満洲移住協会の職員が全国の小学校をまわり、また、満洲移住協会の機関誌『拓け満蒙』などをとおして募集活動が行なわれた。その際、県ごとに募集人員が割り当てられた。割り当て数の多い順に山形県・宮城県・長野県が三五〇人、新潟県が二五〇人と続くが、これらの県に共通するのは雪の多い寒冷地だということである。実施要領にある募集についてのつぎのような記述にもとづいた配分であると考えられる。

全国各道府県より之を募集するも、雪害地方、冷害地方等特殊の事情を有し送出員数に付特に考慮を要すべき地方より多数募集する様特別の配意を為すものとす。

こうした寒冷地の農民を優先して移民に送出する考え方は、昭和七（一九三二）年に石黒忠篤や加藤完治らが拓務省に実行を要望した「満蒙植民事業計画書」までさかのぼる。この計画書の説明時に石黒は「移民は軍隊訓練を経た東北地方出身者六千人を選抜し、短期訓練する」と語っており、この計画が頓挫した後に行なわれた試験移民についても、加藤完治が「満洲移民を語る」において、

最初満洲移民と云ふものは、御承知の通りに寒い所でありますから、寒い経験と云ふものが大事である、その経験のない人間が行っては冬が越されないと云ふ傾きがありはしないかといふので、中村君（中村孝二郎：昭和七年の満洲移住適地調査班長——筆者注）や僕等でも大体東北にしやうぢやないかと云ふので、東北の秋田とか新潟、岩手などから出しました（中略）一地方に集中する訳ぢゃありませんけれども、成功第一で最初は進んで行くと云ふことになります

と語っている。

さて、昭和一三年一月に開始された第一次の五〇〇〇人の募集は応募者が九〇〇〇人に迫り、建設班として先に入所していた六五三人と合わせて九六〇〇人に達する盛況であった。当時配布された「満蒙開拓青少年義勇軍募集要綱」には、満洲の耕地や伊拉哈先遣隊の現地訓練の様子、内原訓練所の日輪兵舎などの写真一〇枚とともに、「我日本青少年を大陸の新天地に進出せしめ満蒙の沃野を心身練磨の大道場として日満を貫く雄大なる皇国精神を鍛錬陶冶し、満蒙開拓の中堅たらしめ以て両帝国の国策遂行に貢献せしめんとす」という義勇軍の趣旨に続き、募集主体や訓練概要など

の一二の項目が、青少年にもわかりやすいよう丁寧にルビがふられた文章で示されている。

たとえば、「応募資格」には「算へ年十六歳（早生れは十五歳）より十九歳迄の身体強健、意志鞏固なる者」とあり、「費用」は「郷里出発の際は別項の携帯品を要するも其後独立の農家となる迄数年間に要する経費は父兄の仕送りを要せざるものとす」と明記されている。また、内地訓練二ヶ月、現地訓練三ヶ年が終了したあかつきには「特に手持資金を要せずして独立農業者たらしむべく国家は之を助成す」る。こうした内容を要すれば、志のある健康な若者でさえあれば、自己資金を必要とせずに満洲の地で独立自営の農家となれるということになる。零細な農家の子弟にとっては夢のような話である。満洲開拓青年義勇隊訓練本部監理科による昭和一五年の統計「康徳八年度満洲開拓青年義勇隊統計年報」をみると、義勇軍に実際に応募したのは、多くが農家の次男以下であり、高等小学校を卒業したばかりの一五、六歳の少年であった。少年たちは市町村長や学校長、青年団長などの推薦のもとに簡単な書類を提出し、面接と身体検査を受けて、晴れて義勇軍の一員となったのである。

ただし、こうした「好条件」が提示されたにもかかわらず、その後の応募者数は振るわない。実は、初年度の昭和一三年度ですら内原への年間の総入所者は二万四三六五人であり、そのうち渡満したのは二万一九九九人であった。初年度から三万人送出という目標を大きく下回ったのである。翌年度以降も送出人数は低迷し、一四年度八八八七人、一五年度八九二二人と目標の三割すら満たしていない［表①］。

	1938	1939	1940	1941	1942	1943	1944	1945	合計
計画	30,000	30,000	30,000	12,600	10,200	15,000	13,500	10,000	151,300
入所	24,365	9,508	9,618	13,335	12,631	11,510	11,640	——	——
送出	21,999	8,887	8,922	12,622	11,795	10,658	7,799	3,848	86,530
達成率	73.3	29.6	39.7	100.2	115.6	71.1	57.8	38.5	57.2

表①　満洲開拓青少年義勇軍送出人数(「達成率」は%)(白取道博『満蒙開拓青少年義勇軍史研究』をもとに作成)

義勇軍の募集がはじまった当初、拓務省は青年団や青年学校をターゲットとして募集活動を展開していた。しかし、昭和一二年七月の盧溝橋事件以降の軍需産業の活況は、青年たちの義勇軍応募への意欲を大きく削ぐものであった。また、応召する青年の増加も、義勇軍の募集にとっては不都合であった。こうした状況に対して、拓務省と各府県は、募集が完了する時期を早める対策を打ち出す。つまり、年四回行なわれる募集のうち、年度当初の募集における入所人員を増加させることで、他の産業に先んじて訓練生を確保しようというのである。だが、昭和一四年度、一五年度と応募者数自体の減少に歯止めがかかることはなかった。

そこで拓務省が力を入れたのは、翌春には応募年齢に達する小学校高等科(昭和一六年以降は国民学校高等科)の生徒の勧誘であった。拓務省は各府県に対して、小学校高等科二年生の男子生徒のうち、希望者や二、三男を対象に郡を単位として拓務訓練を実施し、彼らを集めて一個小隊を編成して内原へと送り出すよう求めたのである。こうした、小隊を基礎として府県単位で作られた中隊、これが「郷土部隊」である。同郷出身の中隊長のもとに同郷出身の少年たちを組織することで、不要なもめごとを排除し、結束力を高める効果も期待された。しかし、年度ごとに割り当てられた小隊編成の目標数は、郡の教育会や教師にとってはノルマ以外の何物でもなかった。さらに拓務省は、小学校高等科での「職業指導」において、義勇軍への応募を推奨するよう厚生省と文部省を通じて求める。ここにおいて本格的に公教育の義勇軍募集への関与がはじまったのである。

こうした運動の成果であろうか、前出の昭和一五年の統計では義勇軍への応募の動機の半数近くを「教師ノ指導ニ依ルモノ」が占め、それに「本人」の意志によるとする答えが続く結果となっている。「本人」の意志によるという動機に関しても、教師などの周囲の大人が義勇軍についての情報を伝えたケースが多いと考えるのが妥当であろう。その後も全国で義勇軍に関する周知・教育に力が注がれ、長野県や静岡県、鳥取県などでは国民学校を母体とする運動が展開される。しかし、その成果は局地的なものにとどまり、結果的に義勇軍の送出数が予定の三万人を大きく下回ったことは右で示したとおりである。

また、こうして集められた訓練生の士気は、必ずしも高いものとは限らなかった。昭和一六年秋ころに提出された拓務省、満洲移住協会、幹部訓練所、義勇軍訓練所の連絡会議の議題案には「七、訓練生ノ資質向上、募集問題」としてつぎのような記述がみられる。

訓練生ノ資質、一般ニ向上ノ一途ヲ辿リツ、アル反面悪質若クハ欺瞞者混入ノ傾向モ見エ、無理矢理ニ募集シタ府県ニ無断退所家庭事情退所意志薄弱退所多ク結局無理シテハ駄目トイフ感

ヲ抱カシム厳選トマデ行ヌマデモ巧言ヲ以テ無理ヲ押シテ募集セザル様府県当局ノ覚醒ヲ促シタイ

応募者が思うように集まらないという実態を背景として行なわれた無理な募集が、結局のところ訓練生の質の低下や退所者の増加を招いたという一側面をうかがい知ることができる。

義勇軍の募集は昭和二〇年七月に移民送出が中止された後も終戦まで継続された。

内原訓練所の組織と訓練

こうして集められた少年たちは、内原の内地訓練所でどのような訓練を受けたのであろうか。

内原訓練所の組織は運営組織も訓練組織も軍隊にならったものであった。

昭和一八（一九四三）年段階を例にみると、まず運営組織は、所長および副所長のもと、「本所運営ニ関スル事項」「所務ノ綜合、調整ニ関スル事項」を担当する総務部、「訓練実施ニ関スル事項」「訓練生身分ニ関スル事項」を担当する訓練部、「保健衛生ニ関スル事項」「診療ニ関スル事項」を担当する増健部と、分所を担当する分所総務および東京事務所から構成されていた［表②］。

こうした運営組織のもと、訓練生は二〇人を単位に一班を成し、三班六〇人で一個小隊、五個小隊三〇〇人で一個中隊、六個中隊一八〇〇人で一個大隊を編成することになっていた。班長と小隊長は訓練生のなかから適任者を選び、中隊長は満蒙開拓幹部訓練所で訓練を受けた開拓指導員が務

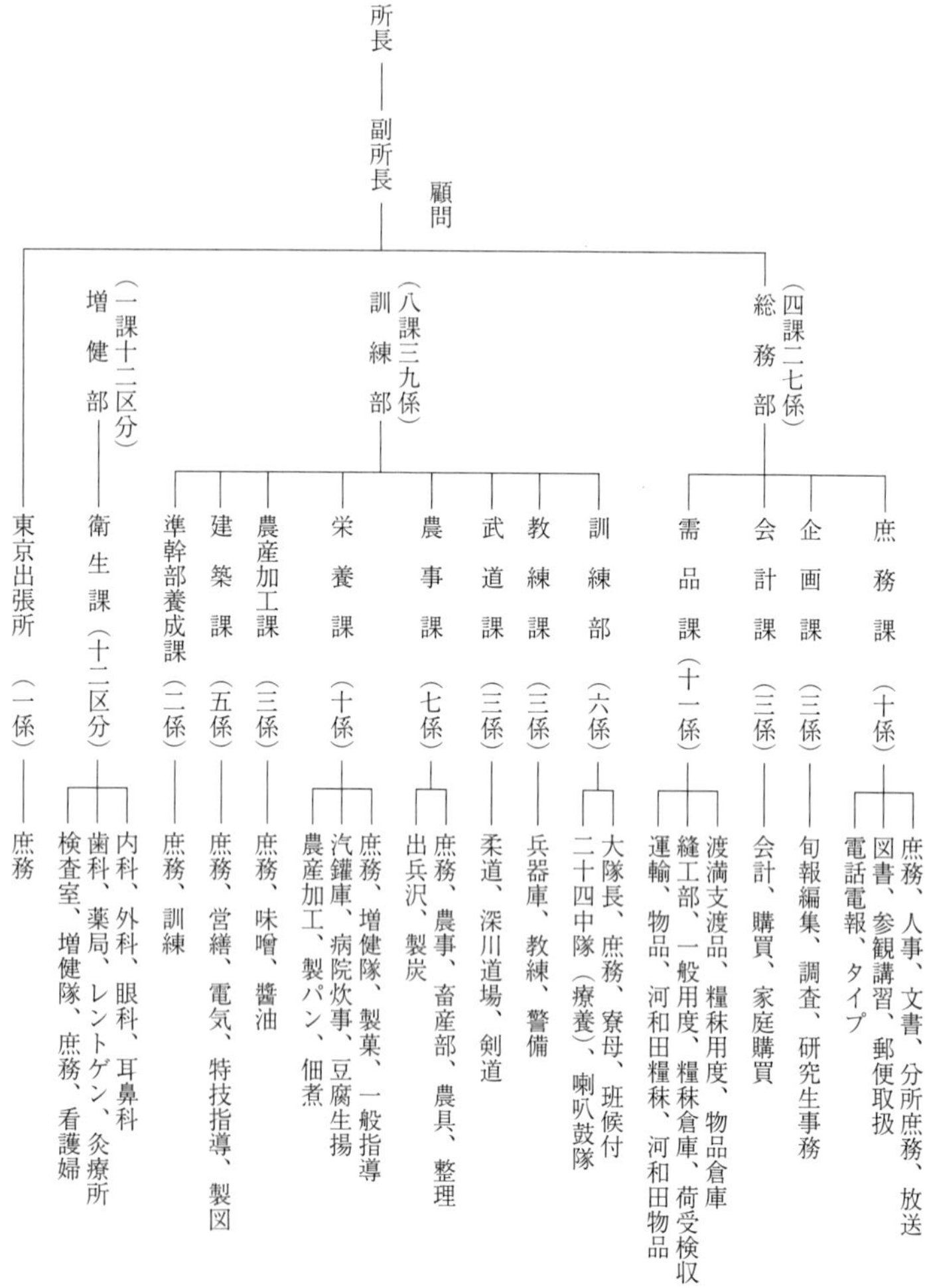

表②　内原訓練所の組織図（内原訓練所史跡保存会事務局編『満州開拓と青少年義勇軍——創設と訓練』）

めた。これらの訓練組織のなかでもっとも重要なのが中隊である。内原での訓練はもちろんのこと、満洲の現地訓練所の訓練や開拓団への移行後の生活も、中隊を単位としていた。昭和一四年以降進められた郷土部隊の編成は、こうした事情を背景としているのである。

さて、実施要領にかかげられた「心身を鍛錬し、建国精神の徹底及協同精神の涵養を期す」という内地訓練の目的は、昭和一五年に制定された「満洲開拓政策基本要綱」の「付属書」にある「満洲開拓青年義勇隊（満蒙開拓青少年義勇軍）に関する件」において、あらためてつぎのような具体的位置づけを与えられた。

訓練は心身を鍛錬陶冶し義勇軍たるの資質を錬磨すると共に渡満の準備的訓練を実施するを以て目的として中隊を以て訓練の基本単位とし実践に依る集団的生活訓練を実施するものとす

なお、内原における訓練期間は当初二ヶ月とされていたが、昭和一六年段階の案内書である「青年義勇隊の話」には三ヶ月と記されている。

標準的な訓練日課は表③のとおりである。礼拝および体操により一日がはじまり、午前中は学科を中心に、午後は作業を中心に訓練が進められ、再び礼拝で一日が終わる。こうした日課は、日本国民高等学校のものと酷似する。また、東京帝国大学教授であった筧《かけい》克彦が「古事記」や「万葉集」などの日本の古典を集約して考案したとされる日本体操《やまとばたらき》と名づけられた体操や、「万歳」に代

時　刻	合　図	行　事
6:00	太鼓ラッパ	起床
6:30 → 6:40	ラッパ	点呼
6:40 → 7:00	太鼓	礼拝・体操（武道または作業）
7:30	ラッパ	朝食
8:30 → 11:30	ラッパ	学科・教練・武道・作業
12:00	太鼓ラッパ	昼食
13:30 → 16:30	ラッパ	作業・教練・武道・学科
17:30	ラッパ	夕食
18:00 → 20:00		入浴・自習・放送・唱歌
20:00 → 20:10	ラッパ	点呼・礼拝・就寝
20:30	太鼓ラッパ	消灯

表③　内原訓練所の訓練日課（表②に同じ）

わって「弥栄《いやさか》」と唱える独特の礼拝なども、加藤完治が山形県立自治講習所で採用し、日本国民高等学校の日課にも組み込まれてきたものである。

さて、このように「学科・教練・武道・作業」として日課に組み込まれた訓練は、「内務訓練」「農事訓練」「教練」「武道」「教学」「特技訓練」の六つに大きく分けられ、三ヶ月の訓練期間を一ヶ月ごとに区切って目標進度が定められていた。このなかで、日本国民高等学校と大きく異なるのは「内務訓練」「教練」「特技訓練」が導入されているという点であろう。

「内務訓練」は「宣戦ノ大詔」「軍人勅諭」「教育勅語」の謹解といった「精神的訓練」のほか、集団生活や衛生に関する指導、渡満の物心両面にわたる準備などの訓練である。これらは「一般」という枠組みでくくられていたが、興味深いのは「栄養訓練」が別に設けられていたということである。これは調理や栄養学といった満洲での生存に欠かすことのできない知識と技術を教授する課目である。内原訓練所では朝・昼・晩の食事の調理を訓練生自らが当番制で行なうことになっていた。一〇人の炊事班長のほか、毎週

図④　朝の礼拝における弥栄三唱（満洲移住協会発行の絵はがき）

各中隊より七人が選ばれて調理にあたった。進度表では「栄養訓練ハ可及的中隊全員ヲ訓練スルヲ原則」とするとされているが、三ヶ月、つまり一二、三週の間に三〇〇人の中隊訓練生全員を訓練することは実質的に不可能である。

つぎに「教練」はいわゆる軍事訓練であり、対ソビエト国境防衛や満洲国内の治安維持などの役割を期待されていた義勇軍には不可欠で重要な訓練であった。それは訓練期間中の配当時間にもあらわれている。右記の六つの課目から、選抜された訓練生のみに行なわれる「特技訓練」を除いた五課目のうち、三ヶ月間でもっとも配当時間が多いのは「農事訓練」の一五〇時間であるが、それに次ぐのが「教練」の一〇八時間である。その内容が軍事訓練そのものであることは、一般的な軍隊マニュアルと訓練内容を並べてみれば瞭然である。なお、「内務訓練」についても軍隊マニュアルと共通する部分が多く、義勇軍が農民兵として訓練されていた実態がよくわかる。

最後に「特技訓練」は、各中隊より訓練生を選抜して満洲での生活に必要な技能を訓練する課目である。「木工」「鍛工」「縫工」「農産工芸」「農産加工」「林産加工」「畜産」「喇叭鼓隊《らっぱこたい》」「灸療」などの訓練が用意されていたが、三ヶ月の短期訓練では「木工」「鍛工」の訓練は行なわれなかった。また、「畜産」については多くの訓練生が家畜の取り扱いや飼育を経験することができたものの、「喇叭鼓隊」の各中隊一二名のほかは各課目で一中隊二、三名のみの選抜であった。「縫工」では機械による衣服の破損箇所の修繕、「農産工芸」では籾《もみ》すりや穀物加工、藁《わら》加工、「農産加工」では味噌醸造や甘酒製造、「林産加工」では製炭、「灸療」では灸の訓練が行なわれた。

なお、「農事訓練」は農具の基本的な使用法から開墾や除草、作条といった「作業」、あるいは農業労働の意義や重要作物の栽培法についての「学科」からなっていたが、その他にもう一つ「所外訓練」が設けられていた。これは事実上勤労奉仕の意味合いの強い課目であった。戦局の拡大にともなう食糧事情の悪化が進行した昭和一八年以降は、農林省主導による義勇軍の「食糧増産勤労動員」が行なわれ、北は北海道から南は鹿児島まで、内原で訓練中の義勇軍が派遣された。こうした勤労動員を「所外訓練」に位置づけ、その趣旨を「食糧増産応急対策ノ完遂ニ寄与セシムルト共ニ義勇軍ノ内地訓練ノ徹底ヲ計」ること、とはしているものの、三ヶ月の訓練期間中に最大三〇日にもおよぶ派遣は決して短いものではない。また、派遣によって実施できなくなる「内務」や「所外訓練」以外の「農事」についても、「所外訓練中休日夜間等ヲ利用シ作業地最寄農学校、国民学校等ノ教職員及地元篤農家等ニ依ル農事講話、修養講話等ヲ努メテ実施スル様計画樹立ニ当リ配意スルコト」を派遣要請機関に求めているが（「満蒙開拓青少年義勇軍食糧増産勤労動員ニ関スル件」満青第四六二二号）、訓練の趣旨が大きく歪《ゆが》んだことは明らかである。

さて、これまで見てきたように、内原における義勇軍の訓練は加藤完治が秋田県自治講習所や日本国民高等学校で実践してきた農民教育に加えて、開拓移民に必要な知識と技術、そして軍隊式の集団生活と軍事教練を教え込むものであった。そして、その訓練課目および進度については細かな計画が用意されていた。しかしながら、実際には二ヶ月から三ヶ月の訓練期間で開拓移民に必要な教育・訓練を十分に施せるはずはなく、内原における訓練は渡満後には全く役に立つものではなかったとする報告もある（内木靖「満蒙開拓青少年義勇軍――その生活の実態」）。ただ、そもそも加藤

図⑤　「教練」の様子（満洲移住協会発行の絵はがき）

図⑥　「所外訓練」での開墾作業（『写真集 満蒙開拓青少年義勇軍』）

が完璧な訓練など目指していなかったということは、つぎのような文章からうかがうことができる。

我々は、青少年義勇軍に対して、第一に農事訓練を施さねばなりませぬ。農事訓練と申しましても農業上の知識技能を授けることを目的として訓練を施すのではありませぬ。開墾に、打起しに、除草に、中耕に、土地の上に尊い汗を流しながら、所謂農業労働を通して、農の意義に徹する、言ひ換へれば農業労働を心から手伸しむ、本当の農民に育て上げる訓練を施すのであります

（加藤完治「青少年義勇軍の訓練」）

こうした考え方の背景には、筧克彦の古神道論に傾倒した加藤がかかげた「大和民族の理想信仰」があると考えられる。加藤は日本国民高等学校校長として行なった講演のなかで「私は丁度二十年も前から農村問題に就て種々考へ込んで居りますが、其の結果として一番最初に努力したのが、農民の魂の奥底に大和民族の理想信仰を確立すること、換言すれば日本農民魂の鍛錬陶冶と言ふことであります」と述べており（加藤完治『日本農村教育』）、この「大和民族の理想信仰」についてはつぎのように説明している。

建国の当初より我が大和民族の生活々動の根底をなしつゝありし理想信仰は之を煎じ詰めれば次の如くになると思ふ。

大日本国民精神の結晶たる、天照大御神の御延長に在す天皇を中心として国民全体が一心同体となり、各自其の分担せる業務を完全に果しつゝ世界文明の建設に努力する事であると信ずる。

此の理想信仰を弥々益々鍛錬陶冶するには如何にしたらよいか。之には吾等は次の実修の形式を主張する。

一、禊　二、参拝　三、武道　四、読書　五、事々物々に就きての修業

要約すれば、一〜五の実修をとおして農民としての役割を貫徹し、天皇を中心とした世界の建設を行なう、というのが加藤の言う「大和民族の理想信仰」であろうか。内原での義勇軍の訓練は具体的な訓練カリキュラムが組まれてはいたものの、こうした加藤完治独特の思想にもとづき、精神性を重視するものに終始したと言わざるを得ない。

内原での日々

「心身を鍛錬し、建国精神の徹底及協同精神の涵養を期す」ことを目的として、二ヶ月から三ヶ月にわたって行なわれた内原での訓練生活には、さまざまな規律がともなっていた。慣れない軍隊式の厳しい生活、粗末な食事、そして家族と離れて暮らすことの心細さ。訓練生の手紙は検閲を受けるために、こうした不満を家族に訴えることすらできなかった。また、家族から食べ物や現金を

送ることも禁止されていた。検閲に引っかかれば即没収である。

しかし、訓練生たちはそうした状況を甘んじて受け入れているばかりではなかった。所外訓練の機会を利用して検閲を受けずに手紙を送り、訓練先に送金させて買い食いをしたり、紙幣を裁縫用の糸巻きにして内原に送らせたりしたという。また、所外訓練は脱走の好機でもあった。内原の駅では訓練所の制服を着た少年を一人では列車に乗せてくれなかった。しかし、所外訓練では自由に列車に乗ることができた。「チチキトク」などの電報を送るよう家族に連絡し、見事に義勇軍を抜け出した人もいたという。

ただ、義勇軍の記憶について綴《つづ》られた多くの手記が、内原での訓練の日々を懐かしさとともに描いており、辛いもの、苦しいものとして描いたものは必ずしも多くはないという印象を受ける。それはもちろん、自らの体験を手記として残そうとする人びとと一般に共通してみられる志向に起因するとも、満洲での過酷な体験と比較しての相対的な評価の結果とも考えることができるが、その一方で、長年農村の青年たちと同じ釜の飯を食い、胸襟を開いて語り合ってきた加藤完治を中心とする、観念的・理想主義的ではあるが、その理想を愚直とも言える姿勢で追求した教育体制の賜物と考えることもできるかもしれない。そのことを客観的な資料から示すことは難しいが、満洲の義勇隊現地訓練所における騒擾事件の記録からは、内原における教育が訓練生から一定の信頼を獲得していたこともうかがえる（満洲国最高検察庁「満洲国開拓地犯罪概要」）。

この騒擾事件は昭和一五（一九四〇）年一月一日午前零時に北安省海倫県下三井子青年義勇隊訓

練所で発生した。訓練生二五人が訓練所所長および幹部三人等に対して暴行を加えて全治一週間から二ヶ月のけがを負わせたうえ、本部や幹部宿舎を破壊したというものである。記録では、その原因について、訓練所幹部による訓練生への侮蔑的発言や暴行、支給品の横領など、訓練生の証言をもとに二三項目をあげているが、その四番目にはつぎのように記されている。

内原訓練所ハ教職員ノ素質モ良ク教育訓練ノ方法モ可ナルガ満洲ノ訓練所ハ教職員ニ誠意ナク親切味モナシ

つまり、内原訓練所における教職員の態度や教育訓練を引き合いに出して、下三井子訓練所のひどさを訴えているのである。零下四〇度にもなるという現地での厳しい生活や故郷を離れた寂しさ、あるいは将来への不安など、満洲へ渡ってはじめて直面する現実を前に、大きな動揺が広がっていたということも想像に難くない。また、「義勇軍運動の全般からみて、最大の弱点は幹部・指導員養成の手遅れと、その幹部・指導員教育の不十分さだった」とされるように(満洲開拓史復刊委員会編『満洲開拓史』)、現地訓練で訓練生を導くべき幹部・指導員の質が確保されていなかったということも多く指摘されている。そうしたなかで、内原訓練所での訓練が訓練生から一定の評価を得ていたということをこの記録は裏づけているのである。

二三項目のなかにはつぎのような記述も見られる。

内地ニ於テ募集当時ハ入所中ト雖モ各自ノ希望スル職業ニ就ケルト宣伝シタルニ未ダ実現セズ内原訓練所ニ於テハ渡満後ニ於テ訓練生ノ必要ナル給与ハ責任ヲ以テ実施スト云ヒ乍ラ之ヲ全然実行セス

義勇軍募集時や内原訓練所で聞いていた話と違うというのである。もちろん、時代によっても異なるであろうし、内原において過度に期待をあおるような誤った情報を流して訓練生を教育したとまで考えることはないかもしれない。しかし、自らが教育訓練した青少年を送り出す先である満洲の現地訓練所の実態を把握していなかった、あるいは把握していながら彼らに伝えていなかったという責任を逃れることはできない。さらに、義勇軍の生みの親の一人であり、内原での訓練の責任者でもあった加藤完治の姿勢についてもより詳細な検討が必要である。山形県立自治講習所や日本国民高等学校において農民教育に取り組み、さらに農村の余剰人口解消のために移民政策の強化を説いた加藤であったが、開拓移民の教育についてはつぎのような発言も残している。

右を向けと言へば右を向いて、進めと言へば進む人であれば宜しい。それで労働を厭はずに真面目にやる人で、満洲移民の大目的と云ふものがはっきり分って居りさへすればそれでいゝと思ふのです。（中略）十人に一人位知識を与へればいゝのであって、移民全体としての訓練と云ふものは、唯、まあ労働を厭はないでやると云ふ奨励さへすればいゝのです。

（加藤完治・田中長茂・中村孝二郎ほか「満洲移民を語る」）

「農は善なり」という加藤の素朴な信念と、豊富な農民教育の経験を背景としての発言ではあろうが、どこか突き放した、高みからの視点という印象はぬぐえない。満洲での過酷な生活と比較して内原での生活を肯定的に回顧することには、慎重でなくてはならないだろう。

1――これらの建設班はそのまま中隊として編成され、義勇軍として渡満した。

2――日輪兵舎は関東軍などで建築にたずさわっていた古賀弘人が考案したもので、すでに日本国民高等学校の女子部等で一部採用されていた。

3――訓練計画の不備や満洲の厳寒期に訓練生を送出することが不可能であることによる。

コラム②

ふたつの資料館

松田睦彦

満蒙開拓青少年義勇軍の歴史を今に伝える二つの資料館がある。水戸市内原郷土史義勇軍資料館と満蒙開拓平和記念館である。

水戸市内原郷土史義勇軍資料館は茨城県水戸市内原の満蒙開拓青少年義勇軍内地訓練所跡地に郷土資料館と展示室を共有する形で平成一五（二〇〇三）年に開館した。展示は、内原の内地訓練所での訓練と、満洲への旅立ちを中心に構成されている。内地訓練所内の施設の配置を示す模型や、内地訓練所での訓練に使用された教科書や食器、訓練服などの生活用具の実物、義勇軍の象徴ともされた鍬《くわ》などの農具、そして訓練生の一日のスケジュールや大和体操《やまとばたらき》と呼ばれた義勇軍独特の体操の所作を示すパネルなどが、日輪兵舎を模した円形の展示室に並べられている。また、館内に設けられた自由閲覧学習コーナーには、満蒙開拓青少年義勇軍に関する書籍がそろえられており、とくに中隊ごとに編纂された記念誌や体験者の手記が多く並べられている。

敷地内には、終戦のころには内地訓練所内に三〇〇棟以上建てられていたという日輪兵舎が内装まで再現され、なかに入って一個小隊六〇人の生活の様子を垣間見ることもできる。また、資料館の周辺には義勇軍の開拓精神やその苦労を偲ぶ石碑、犠牲者を供養する石仏、内地訓練所から移設された弥栄《いやさか》神社など、義勇軍の記憶をとどめるいくつもの施設が点在している。

一方、満蒙開拓平和記念館は長野県伊那地方の阿《あ》智《ち》村に、平成二五年にオープンした。日本で唯一の満蒙開拓に特化した資料館である。長野県は全国でも屈指の満蒙開拓団や満蒙開拓青少年義勇軍の送出県である。それだけに、極寒の地での厳しい生活、そして突然の旧ソビエト軍の侵攻と敗戦の混乱とによって、多くの県民が満洲やシベリアで命を落とし、また、残留孤児や残留婦人として彼の地に残されることとなった。阿智村の位置する伊那地方は、長野県内でもとくに多くの人びとを満洲へと送り出したことで知られており、記念館が設置されるにふさわしい場所といえる。

義勇軍に関する展示では、国内における青少年の勧誘から内地訓練、渡満と現地訓練、そして終戦時の混乱から引揚げまでが、当時の勧誘用の冊子や満洲を扱った雑誌、満洲での暮らしを家族に知らせる手紙、現地訓練所での生活用具などの実物資料をとおして描かれている。また、開拓団や義勇軍の当時の様子を伝える写真についても、スライドを用いて展示されている。

満蒙開拓平和記念館の展示で特徴的なのは、開拓団や義勇軍の経験者の証言を、文章や映像をとおして積極的に活用していることである。満洲での生活、現地の住民との関

水戸市内原郷土史義勇軍資料館

満蒙開拓平和記念館

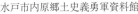

係、終戦時の混乱のなかで亡くなった家族や友人の姿、日本人の命を救った現地の中国人、引揚げを果たしたときの喜び。その証言は実に生々しい。そして、子供たちに義勇軍への応募を勧めた元小学校教員の悔悟の涙。

同館のパンフレットにはつぎのように綴られている。

日中双方に多くの犠牲を出した「満蒙開拓」とはいったい何だったのか。私たちはこの歴史を風化させることなく後世に伝えるため、その拠点として記念館をつくりました。戦争に導かれていく道筋を学び、人々の体験に耳を傾け、平和な社会とは何かを皆さんと一緒に考えていきたいと思います。

満蒙開拓平和記念館では、中国で証言を集める活動もはじめたという。自らを犠牲者と位置づけて満蒙開拓の悲劇を時代や国の罪とするのではなく、さまざまな形で満蒙開拓に関わった自己の責任にも向き合おうとする同館の姿勢から学ぶべきことは多い。

満蒙開拓平和記念館が交通の便の悪い山間にありながらも多くの来館者を呼ぶ理由は、歴史と向き合うその真摯な姿勢にありそうである。

水戸市内原郷土史義勇軍資料館
茨城県水戸市内原町一四九七―一六
☎〇二九―二五七―五五〇五
開館時間：午前九時〜午後四時四五分
休館日：月曜日（祝日の場合は翌日）、年末年始等

満蒙開拓平和記念館
長野県下伊那郡阿智村駒場七一一―一〇
☎〇二六五―四三―五五八〇
開館時間：午前九時三〇分〜午後四時三〇分
休館日：火曜日（祝日の場合は翌日）、第二・第四水曜日、年末年始等

第三章

満洲への旅路

山本志乃

かつて内原《うちはら》訓練所があった場所からJR内原駅に向かって、桜並木の直線道路が延びている。渡満道路とよばれたこの道は、いよいよ満洲に出発する日、喇叭《らっぱ》鼓隊《こたい》に先導された少年たちが隊列を組み、列車に乗るため行進した道である。

昭和一二（一九三七）年に先遣隊を送り出してのち、本格的な義勇軍の渡満が開始された昭和一三年四月の記録を見ると、一〇日から二七日にかけての九日間、およそ三〇〇人の中隊単位でもって連日のように出発していることがわかる。もっとも多い二〇日には、四個中隊、一二〇〇人もの少年たちが一日のうちに出発するという物々しさである（満洲開拓史復刊委員会編『満洲開拓史』）。

義勇軍の移動は、列車による大量輸送である。昭和一三年から終戦の年まで、毎月何度も、二〇〇〜三〇〇人を単位とする中隊が全国各地から内原にやってくる。そして、やはり数百人単位の少年たちが、内原から次々と出発する。こうした義勇軍の輸送は、日本国内から大陸へと延びる完備された鉄道網と輸送技術があって初めて可能となった。

本章では、内原から満洲へと向かう義勇軍の往路について、まずは義勇軍の輸送に多大な効力を発揮した鉄道網完成にいたる道のりを確認する。そして、義勇軍の輸送が実際にどのような経路と方法で行われたのか、また少年たちがどのような思いを抱いてその道のりを辿ったかを明らかにし、ハード面とソフト面の両方から、義勇軍の送り出しを支えた背景を探ってみたい。

図① 内原駅踏切を渡る渡満部隊(『写真集 満蒙開拓青少年義勇軍』)

大陸への道

見渡すかぎりの原野にまっすぐ敷かれた線路。黒煙を上げて走る巨大な列車。かつて内地の人びとを満洲へといざなった、典型ともいえる情景のひとつだ。

本書冒頭に掲載した地図上の鉄道は、昭和二〇年八月、終戦直前の満洲における鉄道網を表している。総延長にしておよそ一万一八〇〇キロメートル。[*1] 昭和一〇年代初めの日本内地の国有鉄道が総計約一万七〇〇〇キロだから、それに迫る規模である。

約一三〇万平方キロメートルといわれる広大な満洲において、鉄道は交通の要だった。軍人も、商人も、開拓移民も、そして義勇軍も、みな鉄道で運ばれた。終戦当時の満洲在留日本人は約一七〇万人。鉄道があったからこそ、これだけの人を満洲に送ることができたのだ。

図②　満鉄の特急列車「あじあ号」。最高時速120kmを誇った（『図説 満鉄――「満洲」の巨人』）

満洲における日本の鉄道運営を担ったのは、南満洲鉄道株式会社（以下、満鉄）である。その設立は明治三九（一九〇六）年にさかのぼるが、地図に示した鉄道網すべてを満鉄が敷設したわけではない。最終的にはこれらを一元的に管理することになるものの、そこにいたるまでにはいくつもの変遷があり、関係する各国の利権が複雑にからみあっている。この複雑さが、満洲の理解を難しくしている要因のひとつであり、また見方を変えれば、これこそが満洲という土地の性格そのものでもある。

鉄道に限らず、道を通すということは、その土地を支配下に置くことを意味する。ゆえに、時の為政者たちは、道の整備と管理に心血を注いだ。明治政府も、日清・日露戦争を経て帝国主義へと大きく傾倒していくなか、内地の鉄道幹線を国有化し、大陸へと鉄路を延ばしていった。

昭和七（一九三二）年、満洲国の成立は、政策上の到達点だった。国内を縦貫し、海を渡り、朝鮮半島を経由して大陸にまで広がる鉄道網が、日本の一元的な管理のもとに完成したからである。義勇軍の少年たちは、そうやってできあがった鉄道網を使い、当時としては最新の設備と技術に支えられて、大陸へと渡った。

彼らの旅の前提となる鉄道網完成までの道のりを、ここで簡単にふりかえっておきたい。

満洲で最初に鉄道を敷いたのは、ロシアである。日清戦争後、いわゆる三国干渉を経たのちの明治二九年六月、ロシアは清と条約を結び、日本の攻撃に対する共同防衛を密約するとともに、東清鉄道の敷設権を獲得した。東清鉄道は、明治二四年にロシアが建設を開始したシベリア鉄道の短絡ルートとして計画されたもので、ウラジオストクから西に向けて満洲里へといたる横断路線である。起工式は、明治三〇年八月、ハルピンで行われた。明治三四年一一月に、ハルピンと綏芬河《すいふんが》間で仮営業を開始。明治三六年七月には、ハルピンから大連へと至る東清鉄道支線が開通した。

日露戦争が終結し、明治三八年九月、ポーツマス条約により日本は、ロシアが敷設した鉄道のうち、長春―旅順口間と支線、ならびに附属一切の権利を譲渡された。翌明治三九年、満鉄が設立され、これらの業務を担うことになる。

この明治三九年は、広域的な鉄道網完成に向けての布石が敷かれた年でもあった。まずは三月、鉄道国有法が公布される。明治五年、新橋―横浜間の開通を皮切りに、全国各地で鉄道建設が進んだが、政府の財政難のため、明治一〇年代後半からは華族や財界人主導による私鉄がそれを担った。明治三八年の時点で、開業総延長は七七〇〇キロメートル、うち官設鉄道は二四六五キロメートルと、私鉄がはるかに上回っていたのである。鉄道国有法により、私鉄一七社の買収が決まり、翌年一〇月までに国有化が完了した。

このとき買収された私鉄が、もう一社ある。朝鮮の京釜鉄道株式会社である。京釜鉄道は日本資本により計画され、明治三八年に釜山―ソウル間が全通した。[*2]同年に調印された第二次日韓協約によって日本は韓国に統監府を置き、京釜鉄道の運営は、この統監府の鉄道管理局へと移る。[*3]朝鮮半島における鉄道敷設の詳細は割愛するが、日清戦争の前後から欧米列強との間で繰り広げられた熾烈な利権争いの末、日本による管理運営体制がここに確立したのである。

同じく明治三九年には、ソウルと新義州を結ぶ京義線も全線開通をみる。鴨緑江を挟んで対岸の安東から奉天へは、日露戦争中に軍用の軽便鉄道として日本が敷設した安奉線が、明治三八年に開通していた。明治四四年に鴨緑江橋梁が完成、新義州と安東とが鉄路でつながる。これをもって、日本内地から下関―釜山間の航路を介し、朝鮮、満洲の鉄道へと連絡する輸送体系が完成した。

この完成にあたっては、仕上げとなる大きな工事が必要だった。満洲の線路のレール幅を、いわゆる標準軌（四フィート八・五インチ）に統一するという工事である。線路の軌間には、標準軌のほかに広軌と狭軌があり、日本内地の鉄道は狭軌、ロシアは広軌だった。朝鮮半島の鉄道は、すでに標準軌で敷設されていたが、安奉線は特殊な狭軌、東清鉄道から引き継いだ満鉄の線路も、もとはロシアの広軌だったものを、日露戦争中に内地の車両を使う必要から、一部が狭軌に改軌されていた。これらの標準軌化が完了するのは、満鉄本線が明治四一年、安奉線は、鴨緑江橋梁が完成した明治四四年。結果、翌明治四五年六月には、釜山から長春までの直通列車が走るようになった。

ただし、この時はまだ、長春以北の鉄道は、ロシアの東清鉄道の運営下にある。ハルピンまでの線路が標準軌に改軌されるのは、さらに後年、満洲国成立後の昭和一〇年であった。

こうして、日露戦争後から大正の初めまでは、日本とロシアが満洲の南北をそれぞれ勢力下に置くかたちで均衡がはかられていた。ちょうどこの頃は、国際的にみても、シベリア経由あるいはスエズ経由などでの世界一周連絡運輸が開始された時期にあたる。日本国内では、外国人旅行者の誘致や斡旋などを業務とするジャパン・ツーリスト・ビューローが創設され（明治四五年）、朝鮮や満洲各地にも案内所を置いて、国際的な連絡輸送網の充実に一役買っていた。

その後、第一次世界大戦（大正三〜七年）とロシア革命（大正六年）による国際情勢の変化で、満洲におけるロシアの勢力が減退する。一方で、ワシントン会議（大正一一年）以後、中国の国権回復運動を背景に、中国国鉄の新規路線が次々と敷設された。日本やイギリスの借款による鉄道も新たに開通し、こうした鉄道網の拡大は、満鉄の経営にも影響を及ぼすようになった。

満洲における鉄道経営がもっとも複雑をきわめるのは、この時期である。朝鮮からの連絡輸送に成功した満鉄、急速に路線を拡大させた中国国鉄、そして東清鉄道は、ロシア革命後に中東鉄道と名を変え、ソビエト政権が引き継いでいた。日本・中国・ロシア（ソ連）という三国による鉄道経営が入り組むようなかたちで、鉄道網が構成されていたのである。

この頃の日本は、鉄道網の広がりとともに、あたかも朝鮮半島から大陸へと勢力範囲を拡大させたかのように思える。ところが満洲においては、実のところ、それはまだ点と線でしかなかった。このことがよくわかるのは、満洲事変直前の昭和三年、満鉄の招聘によってこの地を旅した与謝野鉄幹・晶子夫妻の記録である。

夫妻は昭和三年五月五日に東京を出発し、南満洲の温泉めぐりをしたのち、大連から奉天、洮南、チチハル、ハルピン、長春などをまわり、六月一七日に帰京した。その間、満鉄本線や安奉線の沿線では、日本人の駅員や巡査に守られ、何の不便も不安もない。ところが、内蒙古に向けて四平街から中国国鉄に乗り換えたとたん、状況が一変する。漢人や満人、蒙古人に囲まれ、降り立つ町にも日本人の姿はほとんど見えない。次第に増しつつある排日の気運に接し、恐怖すら感じている。ハルピンでは、在留邦人のもてなしを受けて落ち着いたが、住人の半分はロシア人、百貨店にもヨーロッパの品物が並ぶという異国情緒に驚く。

「五族協和」とは、のちの「満洲国」建国に際してのスローガンである。しかし晶子は、帰国後に著した『満蒙遊記』（昭和五年）の中で、日本の満洲経営に対する漠とした不安を吐露している。奉天駅でみた日本兵の興奮した目の色やいからした肩、満鉄職員らのただならぬ動作などから、「日本を世界から孤立させる結果になりはしないか」というのである。晶子の予感が当を得たものだったことは、その後の強引な政策とその結果からも明らかである。

点と線だった日本の勢力を、面に広げようと画策を練ったその行き着く先が、満洲国の建国であった。国際社会からはついに認められることのなかったこの仮の国家によって、日中ソ三国の鉄道網はすべて満洲国の国鉄とされ、満鉄の経営のもとに一元化された。

そうして骨格を整えた上で、さらに面を塗りつぶすべく、多数の人が送り込まれた。それが開拓団であり、そして開拓団の予備軍ともいえる義勇軍の少年たちだったのである。

開発から開拓へ

明治三九（一九〇六）年、満鉄が設立され、その事業内容が次のとおり定められた。①大連―長春間ほか六支線の鉄道運輸業、②鉱業（撫順および煙台の炭坑採掘）、③水運業、④電気業、⑤鉄道貨物の委託販売業、⑥倉庫業、⑦鉄道附属地における土地および家屋の経営、⑧その他政府の許可を受けた営業、である。*4 ②以下は、鉄道運輸業の付帯事業という位置づけであるが、これはまさに、満鉄初代総裁の後藤新平が児玉源太郎とともに「満洲経営策梗概」として示した、「陽ニ鉄道経営ノ仮面ヲ装イ、陰ニ百般ノ施設ヲ実行スルアリ」（財団法人満鉄会編『満鉄四十年史』）という方針そのままでもあった。

重要なのは、これらを政府が直接手がけるのでなく、満鉄という会社組織でその業務を担ったという点である。満洲をとりまく国際情勢を鑑みると、鉄道経営のみならず付帯事業とされる炭坑や不動産業までをも政府直轄にしたのでは、各国の反感を招くことは必至というのが、外交上の諸交渉に携わっていた外務省や大蔵省の主張であった。

とはいえ、満鉄が満洲開発の要として設立された、多角経営の国策会社であったことは確かである。なかでも特徴的なのは、東清鉄道から引き継いだ、附属地経営であった。

附属地とは、「鉄道の建設、経営および保護のために必要なる土地ならびに土砂、石塊、石炭等を獲得するために必要な鉄道沿線の土地」*5 のことである。鉄道運営に直接関係する施設だけでなく、従業員や家族の生活に必要な住居、学校、病院、その他各種施設を建設するための用地であり、ここでの行政権と駐兵権が治外法権のような形で承認されていた。この附属地経営とは、つまりは都市計画事業であり、それが満鉄の事業の柱のひとつとなっていたのである。いうまでもなく、のちに満洲国を建国し、事実上の植民地経営へといたる重要な布石であった。

ここで満鉄の経営の特徴を、鉄道収益との関係から確認しておきたい。

鉄道経営は満鉄の事業の主軸であり、会社設立以来、一貫して大きな利益を生んでいた。その実態を詳しく見ると、ある特徴が浮かび上がってくる。表①をご覧いただきたい。これは、満鉄の鉄道収入を客車と貨車とに分けて示したものである。昭和一五（一九四〇）年以後、金額が大幅に膨れ上がっているのは、満洲国の国鉄との運営一体化が開始されたことによる。それまでの統計、すなわち大連―長春間の幹線を主とした満鉄社線においては、創業から一貫して、鉄道収入における貨物収入の割合が圧倒的に高い。車両の保有台数をみても、創業時は貨車が客車の二二倍、昭和元年にいたっても一五・五倍と、貨車の台数が客車を圧倒している。つまりは、満鉄の経営主眼が、当初から貨物輸送に置かれていたことになる。

貨物の内容は、軍用や社用をさしおいて、一般が主であった。品目別でみると、石炭と農産物。石炭の多くは社用貨物にあたるため、一般貨物の中心は農産物、なかでも大豆が群を抜いて多い。

満洲の農業は、清の初めに中国本土から渡来した農民の手で耕地が開墾され、発展してきた。夏と冬の気候の違いはもちろんのこと、昼と夜との気温差が著しく、無霜期間が短い自然環境にあることから、それにあった作物が選ばれ、栽培された。代表的な作物は、大豆、高粱《コーリヤン》、粟、トウモ

表①　客車と貨車の収入（財団法人満鉄会編『満鉄四十年史』より）　単位：円

年度	客車収入	貨車収入（A）	鉄道収入（B）	利益	A/B
1907	3,594,239	6,160,274	9,768,887	6,101,615	63.1
1908	2,964,587	9,542,262	12,537,142	5,161,408	76.1
1909	3,250,412	11,241,859	15,016,198	5,818,333	74.9
1910	3,264,639	11,641,529	15,671,605	6,542,640	74.3
1911	4,273,423	12,471,415	17,526,288	6,908,354	71.2
1912	5,008,633	13,913,341	19,907,456	7,846,923	69.9
1913	5,069,127	16,159,171	22,275,132	7,913,948	72.5
1914	4,367,168	17,550,150	23,216,722	8,345,286	75.6
1915	4,842,338	17,260,655	23,532,118	8,174,520	73.3
1916	6,040,453	19,882,476	27,815,349	8,435,939	71.5
1917	8,136,707	23,793,056	34,457,923	23,599,189	69.1
1918	10,911,382	30,377,682	44,922,872	27,954,715	67.6
1919	14,243,790	46,305,759	67,060,720	36,531,782	69.1
1920	14,659,337	63,867,030	85,316,806	48,556,542	74.9
1921	12,194,288	59,615,835	78,204,132	45,031,416	76.2
1922	12,389,464	69,518,111	87,813,029	53,643,744	79.2
1923	13,431,865	72,582,757	92,269,704	56,482,115	78.7
1924	13,645,538	77,019,368	92,561,732	56,008,435	83.2
1925	14,530,942	80,535,820	97,395,288	58,594,537	82.7
1926	15,216,353	89,513,059	107,923,567	61,971,944	82.9
1927	16,102,953	94,040,819	112,894,150	68,050,554	83.3
1928	17,619,293	97,738,147	118,076,162	74,378,136	82.8
1929	17,451,585	101,089,474	121,392,087	75,001,323	83.3
1930	11,461,175	77,936,688	94,576,117	58,204,214	82.4
1931	9,135,663	70,897,756	84,573,356	47,798,564	83.8
1932	14,812,045	85,022,314	103,846,512	65,050,665	81.9
1933	18,757,364	94,263,019	119,676,741	75,766,354	78.8
1934	20,332,876	101,489,276	126,525,376	73,243,744	80.2
1935	22,412,222	103,362,261	134,686,176	84,030,382	76.7
1936	22,302,299	103,165,249	131,827,121	79,250,177	78.3
1937	24,958,000	115,558,000	151,053,000	89,713,000	76.5
1938	33,668,000	135,089,000	192,746,000	97,117,000	70.1
1939	50,207,000	153,151,000	229,830,000	105,922,000	66.7
1940	194,843,000	318,876,000	609,989,000	144,954,000	52.3
1941	223,381,000	391,354,000	723,433,000	150,589,000	54.1
1942	307,691,000	418,454,000	863,921,000	196,261,000	48.4
1943	436,025,000	429,076,000	1,022,280,000	229,637,000	42.0
1944	597,825,000	458,135,000	1,242,543,000	298,236,000	36.9

(1)『第1次～第4次　満鉄十年史』から作成
(2)鉄道収入には、客・貨車の他、港湾・倉庫・旅館収入が入るが、時期によって算入項目が異なる
(3)1940年度からは、社国線の勘定を一体化したので金額はふくらんだ
(4)A／Bは、鉄道収入中に占める貨車収入の割合を％で示す

ロコシ、小麦などである。とくに大豆は、全体に窒素分が不足している満洲の土壌において、これを補給する役割を果たすとされ、大豆―高粱―粟、もしくは大豆―粟―小麦、大豆―粟―トウモロコシといったように、大豆を組み合わせた三年輪作が行われた（満史会編『満州開発四十年史』上巻）。

昭和初期の作付け面積では、大豆が第一位で、高粱、粟と続く。高粱や粟は主に自給用であるが、大豆は商品化率が八〇パーセント超という、満洲経済を支えるほどの輸出用商品作物であった。

満洲の大豆は、食用油の原料として、また搾油後の豆粕は肥料として、ともに需要が高かった。当初の輸出先は中国の華南地方で、天津条約（一八五八年）により開港された営口から運ばれた。[*6]営口は遼河の河口に位置する港であり、鉄道敷設以前の大陸では、水運の要所でもあった。遼河を使って運ばれた大豆は、営口に集められ、そのまま輸出されるか、ここの油房で搾油されて輸出にあてられることもあった。

日清戦争後、日本商人が営口に進出し、主要な輸出先が日本に変わった。それまでの日本農業は、魚肥と堆肥を主な肥料としていたが、満洲からの豆粕輸入により、それらにとってかわることとなる。一方で、日本は綿糸布を満洲へと輸出し、満洲における商品経済化をますます促進させていく。

こうした満洲の農産物をめぐる流通網に一大変革をもたらしたのは、明治三五年、ロシアによるダーリニー（大連）の開港と、翌年の東清鉄道支線の開通であった。そのさらに翌年の明治三七年五月、日本軍がダーリニーを占領。大連と改称され、本格的な港湾整備が始められる。

満鉄の経営の特徴として、量的にも、また収入においても、貨物が旅客を圧倒している実態があることは先述した。この「貨主客従」に並んで、「南行多量北行僅少」、つまり大連へ向けた南方面への貨物輸送が大きな比重を占めていたことも、特徴のひとつであった。満鉄は、大連港の整備拡張を進めるとともに、ここへの貨物の集中をはかった。具体的には、奉天から営口、大連、安東へのそれぞれの路線運賃を同一にすることで、距離が最も長い奉天―大連間の実質的な値下げを実施したのである。それによって、鉄道で運ばれた貨物が大連港から積み出されるという、満鉄による鉄道と港湾との一体運営が確立し、大連は巨大な港湾をもつ商業都市として発展をみる。

大連をはじめ、沿線の都市計画は、満鉄にとって重要な事業だった。ただし、これに要する費用にみあう収入が得られないため、損益ではマイナスになる。つまりは、鉄道収入で得た利益をここに投入することが必要とされていた。この鉄道収入とは、長春から大連への大豆を中心とした貨物輸送に他ならない。すなわち、輸出用農産物の生産があってはじめて、さまざまな事業展開が可能だったということになる。

満洲における大豆の生産と流通の変遷を、もう少し詳しく見てみよう。[*7]

日露戦争後、搾油技術の向上によって油房が工場化し、生産量が大幅に伸びた。それに伴って、原料大豆の生産が増大。輸出先もそれまでの中国本土、日本から、ヨーロッパへと販路が広がる。とくに第一次世界大戦後、一九二〇年代に激増し、大戦前のおよそ二・五倍にもなった。輸出先はドイツ、イギリスをはじめとするヨーロッパ諸国が約三分の二、日本が約三分の一、用途は多くが油脂原料である。

こうした大豆の流通拡大に効力を発揮したのが、満鉄による混合保管制度であった。満鉄では、大正二（一九一三）年に豆粕の混合保管制度を、そして大正八年に大豆の混合保管制度を開始した。これは、寄託者から集荷した大豆の品質や麻袋などを厳密に検査し、等級を決め、沿線の主要駅を共通倉庫として保管するもので、この混合保管制度により、一定品質の商品を安定的に供給するシステムが整えられたのである。

ところで、満洲の農産物流通には、土着商人である糧桟が、仲介者として大きな権限を持っていた。糧桟とは穀物問屋のことで、発生そのものは古くさかのぼるが、本格的な活動は、大豆の生産と流通が盛んになる一八二〇年代頃からとされる。糧桟には、地方の小糧桟と、集散地の大糧桟とがあり、油房や輸出業者と取引を行う大糧桟が地方の小糧桟に買い付けを委託する。小糧桟は農村に出向いて、農民の経済状況や作柄などを常に監視し、買い付けのほかに、先物取引の契約も行った。糧桟は広い庭を持ち、そこに集荷した穀物を保管する倉庫業も兼ねていた。農村から運び入れるための馬車宿の経営や、農民への貸付などの金融業まで手がけており、糧桟と農民との結びつきは強固であった。

満洲大豆の商品化を担う要ともいえる糧桟は、大豆の輸出が世界規模で拡大するのにともなって、ますます資本を拡大させ、強大な力を持つようになった。昭和八年の満鉄一車あたりの大豆価格の内訳をみると、約四二パーセントが鉄道と水運の運賃で占められているが、他に糧桟と輸出商社の費用が約一八パーセント。生産者である農民の取り分は、約三二パーセントである（満史会編『満州開発四十年史』上巻)。

おそらく満鉄は、こうした糧桟を排除し、大豆の流通網の合理化をはかりたかったのではなかろうか。満洲国の設立は、大豆の生産から輸出にいたる流通網を、満鉄主体で一元管理するための足場固めであったようにも思えてくる。実際に満洲国によって農産物の流通を直接管理するべく諸策が試みられたようだが、結果的には、農村社会に深く根をおろした糧桟のシステムを変えることはできなかった。

満鉄の事業展開に必要不可欠だった農産物の生産。ここに、満洲の開発と開拓との間にある分かちがたい関係がうかびあがってくる。

満鉄の多岐にわたる開発事業と、農業移民による開拓とは、別々の軸で語られがちである。満鉄は、近代的な技術発展史や植民地経営の視点、一方の開拓農民は、内地の農村対策や国境防備の視点といった具合である。しかし、こうして鉄道網の変遷やその背景を俯瞰してみると、両者が一連の流れのもとで相互補完的に生じた事象であったことが見えてくる。開拓移民そのものにもさまざまな背景があるが、満洲経営の根幹に関わる農産物の流通を、生産場面から一貫して日本人の手の内に置こうという意図があったことは確かだろう。

満鉄の沿線など、輸送面での利便性が高いところは、すでに中国人によって開墾しつくされており、日本の開拓団が入る余地は残されていない。手つかずの土地が比較的残された北満一帯が入植地となったが、そこでさえ、多くが安価で立ち退きを迫ったうえでの入植だった。そしてその北満一帯とは、ソ連国境に近い前線地帯でもあった。

こうして義勇軍の少年たちは、開拓団の予備軍として、また、いずれ召集を受ける軍隊の予備軍として、開拓と防備の国策が渦巻く辺境の地へと送り出されたのである。

内原から満洲へ

長野県飯田市在住の湯澤政一《まさいち》さん（昭和五年生まれ）は、昭和二〇（一九四五）年三月、内原訓練所を出発して満洲へと渡った。内原へ来たのはちょうど一年前。諏訪・上伊那・下伊那・飯田各地の出身者で構成された、両角《もろずみ》中隊の一員としてである。

同期の仲間は、内原に来て二ヶ月ほどで、すぐに渡満していった。体が小さかった湯澤さんは、渡満前の検査で、現地での生活に耐えられないことが予想される虚弱訓練生とされ、内地でしばらく療養を兼ねた訓練を継続するよう命ぜられた。各中隊にはそうした残留組がいて、「増健隊」もしくは「錬成中隊」などとよばれた。その人たちで混成中隊を作り、ようやく一〇ヶ月遅れて本隊に合流することになった。

いよいよ出発が迫ったある日、内原訓練所の弥栄《いやさか》広場という練兵場で訓練が行われた。練兵場の端に客車が一両置かれていて、これに乗ったり降りたりする訓練だった。隊列を組んで整然と乗車し、「みたましずめ」をして着席する。見送りがいても振り向いてはいけない。不動の姿勢で出発する。そのための訓練である。「みたましずめ」とは、義勇軍独特の体操「日本体操《やまとばたらき》」の所作のひとつで、直立の姿勢で手を前に組み、黙禱することである。『満州開拓と青少年義勇軍――創設と訓練』（内原訓練所史跡保存会）によると、この乗車訓練は昭和一六年秋から行われるようになった。同年五月、鉄道大臣が訓練所の視察に訪れた際に、客車一両の寄贈を約束した。内原駅から訓練所まで仮設の線路が敷かれ、九月に義勇軍一個中隊によって所内まで運び込まれた。この年がちょうど紀元二六〇一年にあたることから、送られた客車も車体番号は二六〇一号であった。

図③　内原駅での「みたましづめ」（『写真集　満蒙開拓青少年義勇軍』）

　同書には、昭和一六年五月に定められた「輸送心得」という内規が掲載されている。その中に「乗車要領」があり、内容は次のとおりである。

発車二三十分前に駅員の合図を以て「ホーム」に入る
乗車すべき車両に応じ之に面して四列横隊に並んで待つ
凡そ車両班に分割し置き左図の如くに乗車命令に依り乗車
乗車の際は一列とす、先導小隊長は中央に達し廻れ右

車両班を折半し右（左）向をして両入口より乗車中央座席より座を占めしむ
発車時刻に余裕ある場合は「みたましづめ」をなし発車前「直れ」発車と同時に坐したる儘挙手注目の礼をなすこと
余裕なき場合は背負袋を負ひたるまま挙手注目の礼
網棚上の背負袋は稍斜にし同一方向に並べ飯盒を露すこと
（内原訓練所史跡保存会事務局編『満州開拓と青少年義勇軍――創設と訓練』。原文のカタカナをひらがなに改めた）

とりわけ地方出身の少年たちにとって、当時はまだ列車に乗ること自体が珍しい体験である。はしゃいで走り回りたくなるような年頃で、ましてや二〇〇～三〇〇人の中隊単位での移動となると、最低でも乗降の練習程度は積んでおかなければ、たいへんな混乱をきたすことになる。この「乗車要領」に続く「車中心得」では、到着一〇分前に降車準備に入り、「下車」の命令とともに入り口に近い者から順次下車。降車後は、乗車時と同様に四列横隊で整列、となっている。

義勇軍の輸送については、昭和一三年の創設時より、その手段や方法が大きな問題となっていた。年間三万人の送出が目標とされ、国内輸送については、拓務省東亜課、満洲移住協会、満洲拓植公社、鉄道省、満鉄、各汽船会社、税関関係者などが参集して打ち合わせが行われた。現地輸送についても、満洲拓植委員会、拓務省、満洲拓植公社、関東軍、満洲移住協会、満鉄、朝鮮鉄道、各汽船会社らによる打ち合わせが新京で行われている（内原訓練所史跡保存会事務局編『満州開拓と青少年義勇軍――創設と訓練』。以下、義勇軍の輸送に関しては同書による）。

検討の結果、輸送の概要は次のとおり定められた。まず、現地での上陸経路は、大連と清津の二ヶ所を主とし、釜山を経由する朝鮮半島縦断経路は補助的ルートとすること。大連と清津から満鉄に連絡し、大連からは綏化《すいか》・孫呉《そんご》・伊拉哈《いらは》まで、清津からは東京城《とんきんじょう》・勃利《ぼつり》まで、それぞれ現地訓練所のある場所へと直通臨時列車を運行すること。大連と清津までの航路では、乗船定員を若干増やし、二船で一列車を編成すること、といった内容である。

後年、終戦に近い頃に渡満した人たちは、みな釜山から朝鮮半島を縦断して現地入りしているが、当初は、神戸から大連へ、あるいは敦賀・新潟から清津・羅津への船便を利用する経路が一般的だった。とりわけ、日本海を渡って朝鮮半島北東部の清津か羅津に上陸するルートは、義勇軍募集のための宣伝にも掲載されており、戦況が厳しさを増す昭和一八年頃までは、むしろこちらが主要ルートとされていた。

清津港は、日露戦争の際に日本軍が利用したことをきっかけに、その後本格的な貿易港として整備された。朝鮮半島の鉄道は、どちらかといえば、主要な港がある南部や西部の各都市を結ぶ西側の縦断路線の整備が先行して進められていた。一方、清津から炭鉱がある会寧方面へは、大正年間に軽便鉄道が開通していた。

朝鮮半島北東部は、豆満江を挟んで中国と、そしてロシア（ソ連）とも国境を接する要所である。

中国側の国境近辺は間島《かんとう》地域とよばれ、朝鮮からの農民の流入も多く、国境をめぐる紛争が繰り返されてきた歴史がある。政治的にも軍事的にも不安定であることから比較的手つかずの状態であったが、日本による満洲経営が深化する昭和初期に、この地域の開発が本格化する。

昭和八年には、満鉄が清津に近い羅津に新たな築港を開始。新線の建設にも着手し、同年に満洲国の首都である新京へと連絡する京図線を開通させる。[*8] これは、朝鮮総督府鉄道の図們線（図們―南陽）に接続する路線であり、その先は、清津、羅津、雄基という、いわゆる北鮮三港に通じている。京図線に連絡する朝鮮総督府鉄道のこれら各線は、満鉄に経営委託され、陸路では最短となる満洲への鉄道網が新たに構築された。

鉄路とあわせて、航路の充実もはかられる。それまでの敦賀―清津航路に加え、新潟港が新たな北鮮方面への玄関口となり、汽船会社も設立されて、日満航路最捷路として広告が打たれた。海路の占める割合が大きい北鮮経由のこのルートは、最新で最短であっただけでなく、おそらく最安の経路でもあったのだろう。義勇軍の渡満ルートとして優先されたのもうなずける。ただし、この海路が後年には問題となる。新潟から羅津までは、三〜四日。戦況の悪化にともなって機雷や潜水艦による攻撃が始まり、長い海路は危険とされ、短い関釜航路を選ばざるをえなくなる。半日足らずのその船旅でさえ、白昼を避けて夜行便が利用されるほどだった。

義勇軍募集の宣伝として拓務省が発行した『あなたも義勇軍になれます』（昭和一六〜一七年頃）には、漫画家の田河水泡によるイラストで、内原から満洲までの経路が描かれている［図⑤］。これによると、内原から列車で出発し、東京で行進と皇居遥拝を行う。その後、伊勢神宮に参拝し、新潟・敦賀から日本海を船で渡り、清津・羅津に上陸することになっている。東京見物と伊勢参りを行程に入れた本州周遊を経て、満洲に渡っているのである。

そこに書かれている文言が興味深い。「汽車も汽船も泊りも食事もすべて自分でお金を払ふことはありませんから誰でも無料で満洲へ行かれます」。

図④　義勇軍をのせ出航する汽船「さいべりや丸」（『写真集 満蒙開拓青少年義勇軍』）

政治・経済の中心地である東京と、信仰・文化の中心地である伊勢。当時でいうなら、二大聖地といったところか。旅行の機会そのものがきわめて限られていた時代に、これだけの大がかりな旅行など、一生のうちにそう体験できるものではない。しかも無料となれば、この宣伝文句に誘われて、未知の大陸への興味をかきたてられたとしても不思議はない。

さきほど紹介した昭和一六年の内規「輸送心得」にも、内原を出てから乗船するまでの行程が、事細かに指示されている。なにしろ二〇〇〜三〇〇人の団体であるから、東京で電車に乗るのも簡単ではない。上野から東京までの省線では、桜木町行きを選んで一個中隊を一時に輸送する、とある。ホームも車内もたいへんな混雑だったことだろう。東京では、

図⑤　田河水泡「内原訓練所から満洲へ行くまで」（『あなたも義勇軍になれます』）

義勇軍は先づ
現地訓練所で
一ヶ年の基礎訓練
をうけます
農耕
牧畜
軍事教練
ここまでくれば
もう立派な拓士です
青年學校
現地訓練所
訓練所
二年目
からは實務
訓練を受ける
ことになります
汽車も汽船も
泊りも食事もすべて
自分でお金を拂ふこと
はありませんから
誰でも無料で満洲へ
行かれます
清津港
羅津港
日本海
新潟港
敦賀港
伊勢神宮
參拜
皇居遙拜
東京出発
内原出発
東京行進

増上寺か青年会館での休息のみだが、伊勢では旅館に泊らなければならない。当然ながら分宿で、各宿舎には必ず中隊幹部が一人以上は宿泊して監督すること、靴は整然と並べ置くこと、部屋の荷物も決まった場所に並べて置くことなど、注意事項が列記されている。

伊勢神宮の参拝はさらに厳密である。まず外宮《げくう》に参拝。手水舎での手順に続き、小隊ごとの整列方法が図解されている。神楽殿も参拝し、その後内宮《ないくう》まで市中を行進。休憩を兼ねて神宮についての講話を聞く。外宮と同様の要領で参拝し、神楽殿で大和舞と仁朝舞を見学。電車で山田まで戻ると午後四時か四時半。外宮前に再び整列して夕方の礼拝をし、一連の参拝行事が終わる。

こうして内原を出てからの行程をたどると、義勇軍自体が移動にあたっての訓練を積むのはもちろんだが、輸送を担う側にも、相応の訓練と経験が必要とされていたことがうかがえる。鉄道を使った団体旅行は、大正から昭和初期にかけて、ジャパン・ツーリスト・ビューローや日本旅行会といった近代旅行業の勃興とともに盛んになった。その基本は、近世の伊勢参りを踏襲した団体参拝であり、外地へと鉄路が拡大するにつれ、鮮満旅行という大がかりな周遊旅行にまで発展し、修学旅行のコースにも取り入れられるほどに一般化した。義勇軍の輸送は、こうした団体旅行で培われた技量を最大限に応用するかたちで実行されたのである。ただし、義勇軍の場合は専用列車ではなく、一般客との混載が多かった。おそらく、整然と列車に乗って渡満する少年たちの姿を、あえて見せる意図もあったのではなかろうか。

出立にあたっては、一装用《いっそうよう》という新品の衣類一式を支給され、洗面具、裁縫用具、飯盒《はんごう》、水筒などとともにリュックサックに入れて背負って行った。ほかに、義勇軍独特の持ち物として、鍬《くわ》の柄がある。開拓の象徴ともいえる鍬は、一人一本が支給され、刃の部分は手荷物として梱包して送り、柄だけを現地まで持参するのである。汽車での長旅の間、勝手に動き回ることは許されない。鍬の柄を立てて着席し、車内で寝るのもそのままの姿勢である。鍬の柄はいわば兵士の銃のようなものであり、移動中の規律を守ることにも役立つ持ち物であった。

車内での食事は、弁当だった。決められた停車駅で弁当と湯茶を積み込む。弁当の内容までは不明だが、おそらく握り飯程度のものであっただろう。大量なので、小隊長や分隊長などの幹部約一〇人を弁当係とし、すみやかに搬入を行うよう決められていた。各自飯盒を持たされてはいたが、移動の道中では弁当が支給され、訓練所でも炊事場が完備されているので、実際にこれを使う場面はなかったという。そもそも飯盒が、軍隊の野戦用として必携であったことを考えると、義勇軍の装備一式は、軍隊を基準に整えられていたことがわかるのである。

図⑤の『あなたも義勇軍になれます』に描かれた行程の最後に、こうある。「ここまでくればもう立派な拓士です」。

銃を手に戦地へ赴く「兵士」ではなく、鍬を手に未開の大地を開墾する「拓士」。この言葉に、義勇軍のきわめてあいまいな位置づけが凝縮されている。装備や規律はあくまで軍隊を規範としながらも、軍事行動を目的とするわけではない。とはいえ、内原を出立し、渡満するまでの一連の行事は、まるで出征のようである。出征なら、生存しさえすればいずれは故郷へ帰ることが約束されているが、義勇軍の場合は、二度と帰らないことを前提としている。そういう意味で、義勇軍の渡満には、出征兵士とは別の悲壮感が漂っている。そのことをもっとも具現する行事が、渡満にあたっての故郷訪問、あるいは面会である。次節で詳述したい。

故郷への思い

長野県安曇野出身の内田辰男さんは、手記『無、無、無に生きて』の中で、渡満の行程を詳述している。

昭和一八年九月一九日、一装用の制服制帽を身につけ、同郷の丸山中隊総勢二六〇余名で内原訓練所を出発。一四時三一分の上野行き列車に一般客との混載で乗車。一六時五八分上野着。山手線に乗り換えて東京駅へ。宮城（皇居）前まで行進し、遥拝。大東亜省分室で休憩、夕食。再び東京駅に戻り、ここで短い面会時間が設けられる。研修のため上京していた兄と面会。一〇円札を持たせてくれる。

二二時三五分発の特別列車で伊勢神宮へ。翌朝九時八分に宇治山田駅着。外宮参拝、午後内宮参拝と神楽奉納。翌二一日の午前、博物館と農業館（神宮徴古館・農業館）を見学。一四時二〇分発の列車に乗り、一七時二二分名古屋駅に着。ここでも面会時間がある。二一時五分名古屋発の夜行列車で長野へ。うとうとするうちに、長野県に入ったあたりから人が乗ってくる。塩尻、松本、安《あ》曇野《づみの》を経て、列車内は壮行会に参列する教員や父兄、親戚などで満員となる。田沢駅で、母を先頭に家族が乗車してきたが、あまりの混雑で話もできない。

五時一五分に長野駅到着。山王小学校まで行進し、朝食。壮行会開始までの間、家族や恩師との面会が許される。記念写真を撮る人たちもいる。一〇時に県主催の壮行会開始。県知事や信濃教育会長などが出席。信濃教育会からは、図書三〇〇〇冊のほか、ミシン、自転車、大工道具、野球道具といった記念品が贈呈される。式の後には、父兄のひとりが中隊の運営資金にと一〇〇〇円の寄付を申し出る場面もあった。

家族が持参した弁当で各自昼食をとる。キャラメルやお菓子などの差し入れをリュックに入れて、新潟に出発。列車の都合で二班に分かれ、一班は一三時四五分発、二班は一五時四五分発。見送りの家族の顔が、車窓からみるみる遠ざかる。夜中に新潟に到着。開拓会館に一泊して、二三日の一四時に白山丸に乗船。一六時に出航する。日本海の荒波を越えて、二五日夕方に羅津港到着。ここでも開拓会館に宿泊し、翌朝羅津から新京に向けて列車に乗る。新京でいったん下車。最終目的地の嫩江《のんこう》訓練所到着は九月二九日。全一〇日間の行程であった。

内原を出てから内地を離れるまでの間に、皇居遥拝や伊勢神宮参拝が組み込まれていたことは先述したが、もうひとつ、重要な行事があった。故郷訪問、あるいは家族との面会である。

前節でも引用した昭和一六年の「輸送心得」にも、面会についての記載がある。ただし、「輸送途中各駅における面会は本部車両の窓口にてなすを原則とす」とある程度で、さほど細かくはない。義勇軍の出身地によっては面会が困難なところもあるので、厳密に定めることはできなかったのだ

図⑥　故郷訪問での昼食風景。これが家族との別れとなる（『写真集　満蒙開拓青少年義勇軍』）

ろう。[*9]

さきほどの内田辰男さんの手記にある故郷訪問は、かなり大がかりで、なおかつ定例化した行事となっていたようすがうかがえる。内原から東京、伊勢、そして新潟へと移動する途中に長野が位置していたという立地上の問題もあるだろうが、何よりも、長野県から義勇軍に参加した人数が、全国的に見ても飛びぬけて多かったことが、その背景にあると考えられる。義勇軍だけでなく一般の開拓団も、長野県出身者の数はまさに桁違いであり、満洲移民への関心が高い地域であった。故郷訪問は、そのような実績をもつ地域に対しての一種の優遇措置でもありまた、後続への期待をこめた勧誘でもあったのだろう。

義勇軍に入れば、満洲に渡り、開拓していずれ土地を与えられ、そこに定住して家族を持ち、生涯を送る。したがって、渡満は、故郷や家族との事実上の永久の別れであり、そのことを誰しも自覚している。一五歳といえば、現代の感覚ではまだ親の庇護のもとにある中学生の少年だが、当時は、そうした決断を迫られ、自活への第一歩を踏み出すべき年齢だったのである。

　渡満直前の家族との別れは、やはり胸に迫るものがあったようだ。内田さんの手記にも、列車を見送る父親の顔が遠ざかるにつれ、これが最後の別れかとひとりでに涙がにじんだ、とある。また別の人の手記には、出立前、内原に恩師と父親が面会に訪れたが、「かえって来てくれないほうがよかった」と書かれている。[*10]この人は、幼少時から満洲に対してたいへんなあこがれを持ち、意気揚々と義勇軍に志願した。それでも、故郷の駅から内原へ向かう汽車に乗り、父親の泣いたような顔が見えたときには、たまらなく悲しくなった。内原での面会後は、夜汽車の音が聞こえると、家のことが頭に浮かび、夜通し眠れないこともあったという。

　戦況の悪化によって、渡満経路が関釜航路経由に集約されるころには、内地でのさまざまな行事も省略もしくは簡略化される。内原まで家族が面会に来るか、渡満経路の途中に位置するところでは、駅で簡単に面会する程度であった。昭和二〇年五月、終戦の三ヶ月前に渡満した岡山県出身の小見山輝さん（昭和五年生まれ）の場合は、もはや下関や門司からも船が出せない状況のなか、博多から大陸に渡った。内原を出て九州まで行く間に、岡山県内の各駅に停車して、車窓から家族と対面する。時間もほんのわずかであった。全体の行程も、内原から現地訓練所到着まで、おおよそ一週間程度だったという。

　ところで、清津・羅津にしろ、釜山にしろ、義勇軍の大陸への足がかりは、ほとんどが朝鮮半島に始まっている。現在は、海を渡ることがすなわち国境を越えることでもあるが、当時の彼らはどのような認識をもっていたのだろう。

終戦に近い時期に下関から釜山へ渡った人たちの話を聞いていると、その印象が一様に薄いことに気づく。乗船してから、満洲の現地訓練所に入るまでを詳述できる人はほとんどいない。それは、当時の船が夜行便であったこと、船や列車の窓に鎧戸が下ろされ、外がよく見えないようになっていたことにもよるのだろう。大陸での列車の大きさや、ニンニクの強烈な臭いなどを手記に書き残している人もいるが、道中の記憶はさほど鮮明ではないのである。

これはすなわち、義勇軍の輸送そのものが、きわめて円滑に行われたことのあかしでもある。途中、船をはさみながら、乗り換えに何の混乱もなく、列車に乗れば目的地まで一直線に運ばれる。内田さんの手記には、羅津から新京まで行く途中、鮮満国境の図們で税関検査があったことが書かれている。ただしこれも一般乗客を対象としたもので、義勇軍には無縁であった。当時、朝鮮半島は日本の支配下にあり、満洲もまた、日本による傀儡《かいらい》国家である。異国への旅でありながら、国境を意識する場面はほとんどなかったといってよいだろう。

同じく内田さんの手記によると、新京に着いてまず、新京神社に参拝する。新京は満洲国の首都であり、もとは地方小都市だったところに、満鉄の都市計画事業によって最新の技術を投入してつくりあげた、近代的な大都市である。内田さんも、内地の一〇倍も二〇倍もありそうな広い道路がまっすぐ伸びていることに驚いている。その後、義勇隊本部を訪れ、満洲開拓の講話を聞き、写真撮影や指紋採取などの手続きをする。新京から再び列車に乗り、嫩江訓練所近くの八洲《やしま》駅に到着。

今度は、見渡すかぎりの平原が広がる。

すべてが大きく、広く、そしてまっすぐである。内地ではついぞ目にすることのない光景に、はるか遠くまでやってきたことを実感はしただろうが、そこに越境の意識はない。

おそらく、彼らにとっての越境は、故郷を出るという体験に帰結するものではなかろうか。義勇軍の満洲への旅は、遠く、長い道のりであるが、じつのところ、物理的な距離や移動に大きな意味があるわけではない。むしろ、故郷を出て、親元から自立する「巣立ち」に、その旅の本義がある。そう考えれば、渡満コースの一環に組み込まれていた故郷訪問は、旅の重要な節目であった。

長野県下伊那郡《しもいなぐん》阿智村《あちむら》にある満蒙開拓平和記念館に、昭和一七年に渡満した義勇軍の一人、伊藤辰朗さんが故郷に送ったハガキが展示されている。

母親に宛てたそのハガキには、銃を手に歩哨《ほしょう》に立つ勇ましい姿や、にこにこ笑いながら洗濯に励む姿が自筆され、「満州は寒い〳〵と思つてゐる事と思ひますが内地で味つてゐる位いにしか感じませんから御安心下さい」などとある。冬期には零下三〇度を下回る満洲が、内地と同じはずはないのだが、余計な心配をさせまいとする気遣いと、一人前になった自分の姿を親に見せようという健気さが、こうしたハガキを書かせたのであろう。もっとも、義勇軍の郵便物は、すべて軍事郵便として検閲を経なければならないから、都合のよいことしか書けないのだが、それをさしひいても、できるだけ弱音を吐くまいと自らを律する姿勢が伝わってくる。

この伊藤辰朗さんは、故郷から小包を受け取っている。その中身は、下駄、たわし、鼻緒、写真、革帯、マスク、手帖、真綿のチョッキ、干柿など。いずれも、送った母親の心情がうかがえるものばかりである。

義勇軍は、北辺の異郷に青少年を移民させるというきわめて特異な政策だった。にもかかわらず、大勢の少年が満洲へと渡っていった。それは、義勇軍の送出が、自立・自活を模索する青少年期の葛藤と、それを見守る親心という、人間の成長過程で誰もが直面し、必ず乗り越えなければならない課題によって支えられていたからに他ならない。人生を切りひらいていくこの時期に、先々の敗戦やその後の混乱など、思い及びもしなかっただろう。少なくとも往路においては、夢と決意に満ちた、二度と帰ることのない旅のはずだったのである。

1――終戦時の満鉄所管鉄道（社線と国線）の総計（財団法人満鉄会編『満鉄四十年史』）。

2――京釜鉄道は、同じく日本資本により敷設された京仁鉄道（ソウル―仁川間）を明治三六（一九〇三）年に合併している。

3――統監府鉄道管理局は、その後統監府鉄道庁となり、日本の鉄道院韓国鉄道管理局に移管されたのち、明治四三年に朝鮮総督府鉄道局に移管された。

4――財団法人満鉄会編『満鉄四十年史』より「三大臣命令書（外務・大蔵・逓信）」（明治三九年八月一日）。

5――一八九六年九月に露清銀行と清国政府との間で締結された「東清鉄道建設及経営に関する契約」で設定された（財団法人満鉄会編『満鉄四十年史』）。

6――天津条約は、アロー戦争後の一八五八年、清がロシア、アメリカ、イギリス、フランスと結んだ条約で、これにより牛荘をはじめとする一〇港が開港。牛荘がその後土砂の堆積により使用できなくなり、一八六四年から営口が条約港となった。

7――満洲における大豆の生産と流通に関しては、満史会編『満州開発四十年史』上巻を参考とした。

8――昭和八年に敦化―図們間を結ぶ敦図線が新設され、既設の吉長線（吉林―長春）と吉敦線（吉林―敦化）とを併合して、吉図線と改称した。

9――基本コースは、内原↓東京↓伊勢↓故郷↓新潟・敦賀だが、西日本出身の義勇軍の場合は必ずしもこれに即してはいない。例えば、昭和一五年に渡満した鳥取県の中隊は、伊勢参宮の後に京都から山陰線で鳥取に行き、県議会議事堂での壮行式に参加して家族と面会。その後、下関から大陸へと渡っている。

10――長野県出身者による未公刊の体験記集より。この人は昭和一九年の渡満で、故郷訪問はなく、内原での面会のみだった。行程も、下関から釜山に渡るコース。

コラム③

満洲移民と開拓団

山本志乃

北米、南米、そして満洲へ

日本人の海外移民は、明治元（一八六八）年のグアム・ハワイに始まり、明治三〇年頃には、多数の出稼ぎ労働者が北米大陸の太平洋岸地域へと流入した。しかし、働く場所を奪われた白人による排斥運動が次第に激化し、大正一三（一九二四）年にはついに入国禁止に至る。北米での日本人排斥の動きを受け、これにかわる渡航先として、南米が新たに浮上した。明治四一年六月、笠戸丸で七九一人がブラジルに渡ったのを皮切りに、政府の資金援助もあって、積極的な送り出しがはかられる。とりわけ関東大震災以降は、罹災者を中心にブラジルへの移民が推進された。このほか、幕末から明治にかけて進められた北海道の開拓事業も含めると、総じて移民の送り出しは、日本の近代化と歩みを共にしながら、政策的に行われてきたことがわかる。

こうした一連の流れのなかで、日露戦争後に新たな移民の送出先となったのが、満洲だった。満洲への移民奨励は、すでに日露戦争中に、満洲軍総参謀長の児玉源太郎大将と、のちに満鉄初代総裁となる台湾総督府民政長官の後藤新平によって、満洲経営策の一環として起草されている。ただしここでの移民とは、必ずしも農業者に特化したものではなく、商業や工業などの各種移住者を包含したものであった。というのも、当初の移住先は、ロシアから移譲された関東州と満鉄沿線の附属地に限られており、どちらかといえば都市への移民が想定されていたからである。

実際に、明治四三年の満洲における日本人人口は総計七万六三四一人、このうち関東州ならびに附属地における日本人の職業別人口をみると、人口六万二三三八人中、商業交通業が四四四五人と最も多く、工業三八四四人、労働者三一四四人、公務自由業三〇七二人がこれに続く。それに比べ、農業は一九五人、水産業も一九七人と極めて少ない。一方で、家族が三万三八八二人を占めており、こうしたことから、当時の満洲在住日本人が、満鉄と関連企業の社員ないしは役人とその家族で構成されていた実態をうかがうことができる（満史会編『満州開発四十年史』上巻）。その後、大正から昭和初期にかけて満洲への移住者は漸増し、満洲事変直前の昭和五（一九三〇）年には総人口二三万三七四九人を数えるが、依然として関東州と附属地の人口が大多数を占めており、満鉄関係者を中心とする基本的な構成も変わっていない（同書）。

満洲開拓移民の開始

そのような状況にあって、農業への関与は、官有地の払い下げを受けるなどした個人の起業家によってなされた。『満洲開拓史』によれば、もっとも早く水田開発に着手したのは、東京市出身の小出英吉で、通訳として日露戦争に従軍後、旅館業に従事する傍ら、普蘭店駅に近いところで官有地の払い下げを受けて開墾。明治四一（一九〇八）年に約三〇〇〇坪の水田で耕作を始めたという。その後、高知県出身の大江惟慶、兵庫県出身の勝弘貞次郎、静岡県出身の明石平蔵など、数十名が明治末から大正にかけて水田や果樹の農場経営に携わった。こうした農場は、短期間で失敗に終わるものもあったが、中には成功して大規模経営にまで発展した例もあり、その事跡は義勇軍の教科書などで取り上げられた。

集団的な農業移民の嚆矢は、大正四（一九一五）年に金州に近い大魏家屯に入植した愛川村一九戸である。これは関東都督福島安正大将の発案によるもので、村の名前は、山口県の愛宕村と下川村の出身者で構成されたことに由来する。畑作に適さないため放置されていた荒地を水田に開墾し、失敗を重ねながらも七戸が定着した。また同じころ、満鉄主導による除隊兵の移民も推進され、附属地内の農耕地を低廉で借り受け、三四名が入植した。だがこれもまた脱落者が多く、定着したのは六分の一であった。

当時の農業移民が低調であった大きな理由は、開墾できる土地に限りがあったことである。活動範囲は関東州の租借地と附属地のみであり、しかも目ぼしいところはすでに流入していた漢人の手で開墾されていた。

第一次世界大戦を経て、満洲経営策にも新たな展開が求められるなかで、大正一〇年、奉天に東亜勧業株式会社が設立された。朝鮮の拓殖事業を担っていた東洋拓殖株式会社と、満鉄、大倉組の出資によるもので、土地の取得と経営を主な事業とした。発足後、その事業は困難をきわめたが、後年満洲国が誕生すると、移民の入植地確保で重要な役割を果たし、満洲拓植株式会社（昭和一〇年設立、昭和一二年に満洲拓植公社）へと引き継がれることになる。

国策となった開拓団

昭和六（一九三一）年九月、満洲事変が勃発。翌年三月に満洲国建国が宣言される。内地ではにわかに新天地への期待が熱を帯び、全国各地の諸団体が満洲への農業移民計画を立案した。ただし、現地の治安状態は悪く、各団体の代表者や個人が勝手に入り込むなどして混乱を生じ、結局そのほとんどが実現をみなかった。

移民計画の統一が求められるなか、政府内でも模索が続いていたが、農本主義を背景に満洲移民を推奨する教育者の加藤完治との接触によって、農村問題と渾然一体となった政策が進むことになる。

加藤完治の事跡と満洲移民との関係は、すでに序章および第二章で詳述されているとおりである。加藤らによって策定された移民案が拓務省に提出され、関東軍の協力のもと、昭和七年八月末に議会を通過。第一回試験移民として、まずは東北・北陸・関東の

鳥取県が昭和15年に送り出した徳勝鳥取開拓団（終戦時の人口85戸380名）の副団長と開拓村の自宅。入植地は吉林省磐石県（四井幸子氏提供）

在郷軍人から約五〇〇人が選抜され、訓練ののち一〇月三日に東京を出発、同月一五日に佳木斯《ジャムス》に到着した。倉庫を改造した宿舎で冬を越す間に用地買収の手続きをし、翌年四月、永豊鎮《えいほうちん》（弥栄村《いやさかむら》）に入植した。以後、試験移民は第四次まで、毎年北満方面へと送り出される。当初の在郷軍人から一般人にも募集を拡大し、移民に嫁ぐ大陸の花嫁の訓練と渡満も随時行われ、四年間で約一八〇〇戸が入植した。

　昭和一一年、二・二六事件後に成立した広田弘毅内閣のもとで、満洲移民は重大な国策のひとつと位置づけられ、「満洲農業移民百万戸移住計画」が策定された。昭和一二年から二〇年間で一〇〇万戸（一戸五人家族で五〇〇万人）を移住させるという計画で、移民の斡旋や土地の収得、資金貸付などの事業を担う機関も発足し、大規模な農業移民計画が本格的に始動する。このとき拓務省から示された指針「北満における集団農業移民の経営基準案」によると、村の構成は、平均一戸四人家族（うち二人は子ども）、三〇戸で一部落、一〇部落で一村を標準とし、農家一戸あたりの経営面積は耕地一〇町歩（うち水田が一町歩）であることや、土地の分譲や家畜の購入など営農にあたっての補助金や資金貸付のしくみについても言及されている（満洲開拓史復刊委員会編『満洲開拓史』）。

分村計画による集団移民の拡大

折しも、昭和四（一九二九）年の世界恐慌の影響により、全国の農山漁村において経済更正運動が計画されていた。しかし、人口増と土地不足という根源的な問題をかかえ、計画の実施は思うようには進まなかった。こうした農村問題に、満洲農業移民の政策が連動し、村から一定戸数を満洲へ移住させるという、まさに一石二鳥の策として分村計画が樹立される。

その特徴として、まず集団移住であるため淋しさがないこと、周囲の反対も緩和され、婦女子の渡満も容易になること、郷土の氏神様とともに村の住民が分村するので、隣保共助の習慣もそのまま持ち込まれ、定着しやすいことなど、主として精神面でのよりどころが得られるところに利点があると考えられていたようである。分村計画は昭和一二年後半から具体化し、終戦までに合計三〇三もの開拓団が入植した（満洲開拓史復刊委員会編『満洲開拓史』）。

昭和七年から二〇年までに送出された開拓団は、総計四八九。さまざまな方策で移民が推進されたものの、昭和一五年当時の満洲における日本人人口は一〇六万人あまり。国が目標とする五〇〇万人の移民計画と実績には大きな隔たりがあった。この焦りが、ついには学校教育までをも巻き込み、成人前の少年を満洲に送り込むという義勇軍の発想へと結びついていくのである。

第四章

現地訓練と満洲の現実

松田睦彦

内原での内地訓練を終えた少年たちは、どのような気持ちを抱きながら満洲へと渡ったのであろうか。期待に夢を膨らませる少年もいたであろうし、不安に打ちのめされそうになる少年もいたであろう。ただ、共通していたのは、彼らがすでに容易には引返すことのできない旅に出たということであった。現地訓練所で三年間の訓練を受け、開拓民として満洲の大地を耕す。そのことだけが、彼らの未来を明るいものとする道なのだ。

しかし、多くの少年たちにとって、日本政府と関東軍との思惑が交錯する満洲の大地は、故郷を旅立つときに思い描いていた姿とは違っていたはずである。

満洲における義勇軍への期待

開拓移民としての使命を「日本内地人青少年ヲ以テ之ヲ結成シ民族協和ノ中核トシテ満洲国ノ生成発展ニ寄与スベキ各種開拓民特ニ開拓農民ノ基底タルノ資質ヲ育成訓練シ以テ日満不可分関係ノ鞏化ニ資スルモノ」(「満洲開拓政策基本要綱」昭和一五年)とされた義勇軍ではあるが[*1]、この制度を強烈に後押しした関東軍が、これとはまったく異なる役割を彼らに期待していたことは、これまでも述べられてきたとおりである。

そもそも、日本が中国に侵攻して満洲国を創設した背景には、ソビエトに接する戦略地点の後背地としての満洲に、食糧・兵器・人員を供給する兵站《へいたん》を整備するねらいがあった。関東軍はその役割を日本人による大量の農業移民に期待したのである。こうした関東軍の期待は、陸軍省や拓務省との協力のもと、昭和一一（一九三六）年八月に「二十ヵ年百万戸送出計画」として具体的な国策に位置づけられる。これは、昭和一二年から三一年までを五年ごとに四期に分け、第一期には一〇万戸、第二期には二〇万戸、第三期には三〇万戸、第四期には四〇万戸、つまり、二〇年間で合計一〇〇万戸を満洲に送り込もうという計画である。

こうした計画のなか、拓務省はこれまでの試験移民において労働力不足が課題となった経緯をふまえ、未成年者を不足する労力の補充にあてる案を提示する。これは、徴兵適齢期前の若者を満洲に確保したいとする陸軍省や関東軍の思惑とも合致する案であった。この未成年者の移民計画は、その後「二十ヵ年百万戸送出計画」とは別個の計画として進められることになり、関東軍が昭和一二年七月に新京に移民関係者を集めて開いた、いわゆる「新京会議」で決定された「青年農民訓練所（仮称）創設要綱」以降、労力の補充の内容はより具体性を帯びてくる。

そのもっとも重要な役割のひとつが、満洲における治安維持活動への参加である。昭和一一年から一二年にかけて、満洲の抗日勢力はその勢いを増し、満洲国軍だけでは軍事施設や交通・通信といったインフラ網、移民団などへの襲撃を防ぐことができなくなっていた。関東軍はその兵力を治安維持のために割く必要に迫られたが、その役割の一端が青少年の移民に期待されたのである。さらに、日中戦争の長期化はソビエトの動向に対する懸念をも高めた。満洲国内の治安の悪化は、兵

図①　歩哨の交替(『写真集 満蒙開拓青少年義勇軍』)

図②　衛兵所の前で(『写真集 満蒙開拓青少年義勇軍』)

站としての満洲の役割を著しく低下させることになるからである。

こうした背景のもと、昭和一二年一一月に「満蒙開拓青少年義勇軍編成ニ関スル建白書」が提出される。この「建白書」には次のような記述が認められる。

満蒙開拓青少年義勇軍ノ為サントスル所ハ、我青少年ヲ編成シテ勤労報国ノ一大義勇軍タラシメンカ為ニ、全満数ヶ所ノ重要地点ニ大訓練所ヲ設ケテ此ニ入所セシメ、開拓訓練即教育、軍事教練即警備ナル現地ノ環境ニ即セル方法ニヨリテ、日満ヲ貫ク雄大ナル皇国精神ヲ練磨セシメ、之ヲ以テ他日堅実ナル農村建設ノ指導精神タラシメ、併セテ満洲農業経営ニ必要ナル知識技能ヲ修練セシムルニアリ。(中略)

尚彼等ノ中満十七歳以上ノ者ハ現行制度ニ於テモ志願兵タルノ資格アルカ故ニ此等ノ者ノ為ニ大訓練所ト連繋シテ志願兵部隊ヲ特設スルモ亦時局ニ適応セル一策タルヘシ。

つまり、満蒙開拓青少年義勇軍は、満洲を兵站として安定的に利用したい関東軍と、移民送出事業を拡大したい拓務省、そして日本の農村の青少年の労働の場を確保したい加藤完治を中心とする農政関係者の思惑の一致によって成立したのである。こうしたなか、満洲に渡り、義勇軍から義勇隊へと名称が変更された彼らの運命を左右したのは、関東軍を中心とした満洲側の事情であった。

昭和一五年に制定された「満蒙開拓政策基本要綱」の予備的審議において、関東軍の代表は移民に求める国防上の役割をつぎのように説明している。

移民ニ対シテハ辺境地帯ノ防備ニツキ重大ナル価値ヲ期待シテヰル。間接的価値トシテハ、戦時ニ於テ国境地帯ニ日本人ノ家ト人トガ有ルコトガ絶対ニ必要デアリ、平時ニ於テ日本移民村ハ辺境防備ノ日系軍警ノ重大ナ慰藉トナル。又直接的価値トシテハ、国境地帯及同地帯軍事施設ノ防衛、交通路ノ確保、軍事食糧確保等ニ重大ナル意義ヲ有ツ

（満洲拓植公社東京支社「満洲開拓政策に関する内地側会議要録」）

こうした関東軍の思惑は、本書巻頭の地図からもわかる通り、義勇隊現地訓練所がソビエト国境沿いに分布する状況によく表れている。昭和一四年以降、関東軍は「北辺振興計画」の名のもとに対ソビエトの戦略体制を強化したが、義勇軍の入植位置にはその政策が直接的に反映されているのである。

現地訓練所の設置

内原内地訓練所での二ヶ月から三ヶ月の訓練を終えた義勇軍の訓練生は、鉄道と船とを乗り継いで渡満し、満洲開拓青年義勇隊として満洲の訓練所へと入所していった。この段階で義勇軍から義勇隊へと名称が変更されたことには理由がある。正規の軍隊ではない彼らが、満洲において地元民

からあたかも軍の一員であるかのような誤解を受けることを避けたいとする関東軍の強い意向が働いたのである。

満洲における現地訓練所の制度はいくたびも変更が繰り返される。それは、この制度そのものが、動き出してから考えるという泥縄式で進められたからに他ならない。義勇軍の渡満は昭和一三（一九三八）年にはじまるが、翌一四年にようやく「満洲開拓政策基本要綱」と「付属書」の「満洲開拓青年義勇隊（満蒙開拓青少年義勇軍）に関する件」が制定され、一五年度より実行に移される。そこではじめて満洲における義勇軍の訓練制度が定まったのである。

まず、もっとも重要なことは、「管理運営の主体を確定す」として、満洲国政府機関としての満洲開拓青年義勇隊訓練本部が新京に設置されたことである。昭和一二年の「青少年開拓民実施要領」には、現地訓練所の経営は満洲拓植公社が受け持つと明記されていたが、時局が複雑化するなかで、目的の異なる一般開拓団と義勇軍双方の管理運営を満洲拓植公社のみで行なうことは不可能と判断されたのである。初代訓練本部長は満洲国の開拓総局長・結城清太郎が兼務した。

さて、こうした改革にともない、訓練所の種別と管理主体が変更される。

当初、満洲では大訓練所で一年間の基本訓練を積み、その後、小訓練所に移って二年間の実務訓練を受けてから開拓団へと移行するというのが基本的な流れであった。小訓練所は二年間の訓練の修了後に同じ土地で開拓団として定着する甲種小訓練所と、訓練修了後に他の土地に入植して開拓を行なう乙種小訓練所に分かれていた。小訓練所は約三〇〇名からなる中隊を単位としており、中隊は六〇名からなる五つの小隊で構成されていた。

第一次義勇隊訓練生が渡満した昭和一三年には、まず、嫩江《のんこう》（同年の収容可能人員四三〇〇人）・孫呉《そんご》（一八〇〇人）・寧安《ねいあん》（四五五〇人）・鉄驪《てつれい》（三七〇〇人）・勃利《ぼつり》（三九五〇人）の五大訓練所および予備宿舎であるハルピン（四五八〇人）・昌図《しょうず》（三〇〇〇人）の特別訓練所が設置された。

翌昭和一四年度には当初の計画に変更を加えながらも、第一次義勇隊を小訓練所へ送り出し、第二次義勇隊を大訓練所へと迎えるために、大訓練所四ヶ所（対店《たいてん》訓練所を新設し、寧安・孫呉訓練所を乙種訓練所に改編）・特別訓練所三ヶ所（一面坡《イーメンパ》訓練所を新設）・乙種訓練所四ヶ所・甲種小訓練所一三ヶ所（すべて新設）・満鉄自警村訓練所（乙種）二〇ヶ所という体制に拡大している。

この満鉄自警村訓練所とは、満鉄が昭和一〇年に鉄道の防衛と沿線の治安維持、そして農業開発を目的として、除隊兵を組織して設置した入植地である。入植者は農耕のかたわら駅や線路の警備にあたり、抗日勢力の襲撃を防いだのである。昭和一〇年から一二年の間に満鉄自警村は二三ヶ村

四四八戸を数えるようになったが、この実績を活かして、満鉄が小訓練所をそのまま自警村とすることで義勇軍の訓練を受託したのである。義勇軍が満洲側の論理によって活用されたひとつの例である。

さらにこの年には吉林省に「満洲開拓

図③　現地訓練所の宿舎群（『写真集　満蒙開拓青少年義勇軍』）

青年義勇隊吉林鉱工実務訓練所」が開設される。これは、国防上重要な企業である吉林人造石油会社の社員育成を目的としたものであり、農業開拓という義勇軍の趣旨からは完全に外れるものであった。

そして、昭和一五年度からは「満洲開拓政策基本要綱」が適用され、開始より二年で早くも複雑化した訓練所の種別が整理される。まず、現地訓練は、初年度に基本訓練所で行なわれる基本訓練と、基本訓練修了後に実務訓練所で行なわれる実務訓練とに分けられる。前者は「基礎訓練を実施すると共に満洲の気候、風土、衣食住等に親しましめ満洲国一般事情に通ぜしむるを目的」とする一年間の訓練である。一方、後者は訓練期間を二年とし、訓練修了後の進路によって甲・

乙・丙の三種に分けられていた。甲種実務訓練所とは「訓練修了後集団開拓民として当該訓練地に定着せしむることを目標」とし、乙種実務訓練所とは「訓練修了後開拓農民として他地方へ移住せしむることを目標」とする。

これに対して乙種実務訓練所とは「訓練生の適性、特質に応じ開拓農民以外の者として特殊訓練を施すを目的」としている。つまり、将来、義勇軍や開拓団の指導者、医師、教員などとして活躍する可能性のある人材に対して、上級の教育を受けるための基礎を学ばせたり、専門的技術訓練を行なって、国策上重要な鉱工部門の技術者を養成しようとするものである。具体的には、現地での基本訓練修了後に、義勇軍の指導者を養成する「嚮導《きょうどう》訓練所」、満鉄の技術者を養成する「満鉄実務訓練所」、吉林人石会社等の社員を養成する「吉林鉱工実務訓練所」等で訓練を受けるものであり、委託学生として教員養成の「新京師範学校」、医師養成の「旅順医科大学」「佳木斯《ジャムス》医科大学」、獣医養成の「新京獣医畜産大学」への進学の道も用意されていた。また、満洲国軍の「軍官学校」への進学の可能性もうたわれていた（拓務省拓北局『あなたも義勇軍になれます』）。しかし、当然のことながらこうした特殊訓練を受けられる訓練生はごく少数に限られていた。

さて、このように「満洲開拓政策基本要綱」によって整理された現地訓練所における訓練体制ではあったが、昭和一六年には実務訓練所の甲・乙・丙の種別が廃止され、大本部訓練所（六〇〇〇人収容）・中本部訓練所（四五〇〇人収容）・小本部訓練所（一五〇〇人収容）・小訓練所（三〇〇〇人収容）に改められる。その結果、一個中隊を単位として、基本訓練と実務訓練が一貫して同一の訓練所で行なわれることとなった。施される訓練内容は変わらないのかもしれないが、明らかに当初計画されていた制度の崩壊である。

訓練と課目

右記のとおり、現地における訓練は一年間の基本訓練と、その後の二年間の実務訓練によって構成されていた。それぞれのより具体的な方針を「満洲開拓青少年義勇隊（満蒙開拓青少年義勇軍）綱領」（『満洲開拓史』）で確認してみよう。

①基本訓練は一農年を原則とし、その訓練は左の諸点に主眼を置く
(1)訓練生の協同的心身鍛錬陶冶
(2)開拓民としての理想信念の確立
(3)気候、国土、衣食住に対する馴致
(4)厳正公平なる規律、戦闘力の養成
②実務訓練は完全二農年とし、基本訓練と一貫してさらに実際的訓練の徹底を期し、左の諸点に主眼を置く
(1)理想農村を目標とせる学農計画の樹立、ならびにこれが実施、すなわち付近部落との親睦、土地利用、農業、産業、林業、経理、営繕その他開拓民として必要なる総合訓練

(2)部落防衛を目途とせる軍事訓練
(3)訓練所用地の持つ自然的素材を基礎とせる教育
(4)理想農村建設に必要なる各種特技訓練

これを要するに、基本訓練は開拓民としての理想や信念を実現するために、規律をもって協同の精神を養い、身体を鍛錬するとともに、満洲の風土への適応を促し、一方の実務訓練は開拓民として必要となるあらゆる実践的技能を身につけるとともに、開拓生活で必要な各種技術（農産加工・蹄鉄工・縫工・栄養など四二の種目）についてもその適格者に修得させる、ということである。

では、基本訓練、実務訓練ともにどのようなカリキュラムが組まれていたのであろうか。まず、訓練所ごとの一年間の科目の配当時間を見てみよう［表①］。科目は「修身公民」「普通学科」「農業科」「軍事」「作業」「語学」に分かれており、それぞれの配当時間数は表のとおりである。「作業」に最も多くの時間が割かれ、つぎが「農業科」そして「軍事」「学科」が続く。大訓練所（基本訓練）と小訓練所（実務訓練）とでは科目の配当時間数の順位は同じであるが、大訓練所に比べて小訓練所では「普通学科」

科目	大訓練所		小訓練所	
	週時数	年時数	週時数	年時数
修身公民	1	40	1	40
普通学科	5	200	3	120
農業科	8	320	7	280
軍　事	5	200	5	200
作　業	15	600	18	720
語　学	2	80	2	80
合　計	36	1,440	36	1,440

表①　訓練時数配当表（満洲開拓史復刊委員会編『満洲開拓史』をもとに作成）

「農業科」といった座学の時間数が削られ、「作業」の時間が増やされている。これは、実務訓練が実践的技能の習得に重きを置いていたことの表れであろう。

それでは、これらの科目の内容について、大きく「内務訓練」「農事訓練」「教練」「武道」「教学」「特技訓練」[*2]の六つに分けられていた内原での内地訓練と比較しながら確認してみよう（第二章も参照のこと）。

まず、現地訓練における「修身公民」は「修身、国民常識、保健衛生、法政経済を教える」とあり、内地訓練の「教学」における「精神的訓練」や「内務訓練」における「一般」の保健・衛生に関わる教育を継続しながらも、より広く、社会的な動向へも目を向けさせようとする意図が感じられる。

つぎに「普通学科」は、現地訓練科目の教学訓練の「皇民科」のうち、「国語」「歴史」「地理」および「理数科」の「自然科学」「数学」のことを指すと考えられる。これは内地訓練の「教学」の一部をそのまま継続するものである。

「農業科」は、現地訓練科目の教学訓練のなかに位置づけられており、「農村学」と「農業技術学」とに分けられている。座学ではあるが、内地訓練においては「教学」のなかに「農学」が位置づけられ、その内容も「日本農業大意」「東亜ノ農業」「満洲ノ農業」といった概論であったのに対し、現地訓練では独立した科目となり、その内容もより各論的、実践的になっている。その他、「農事訓練」のうち「営農法、林業大要、農業気象、土壌肥料、農作物一般、農用薬剤、農機具、食用および徳用作物に関する栽培、管理ならびに収穫、家畜の飼育、管理および繁殖、農畜林産物加工」といった学科についても「農業科」の時間に教授されていた可能性が高い。

「軍事」については後述することとし、つぎに「作業」である。「作業」については各種の農作業を中心にその他満洲での生活に必要となるあらゆる作業が含まれており、集団営農による自給的な現地定着を目的とする現地訓練の根幹をなしていた。また、農業だけでなくその他の作業の内容も季節によって割り当てられており、春から秋にかけては土木、建築、開墾などが行なわれ、極寒となる冬には農産加工、林畜産加工、用材、薪炭伐採などの作業が行なわれた。

内地訓練には含まれていなかった「語学」については、現地で話されていた「満洲語」および「ロシア語」「蒙支語」が教えられていた。

なお、内地訓練の「内務訓練」における集団生活の基礎に関する内容のほとんどは、現地訓練所での生活そのものとして実行に移されていると考えてよいであろう。

さて、最後に「軍事」である。現地訓練においては、基本訓練の方針で「厳正公平なる規律、戦闘力の養成」とあり、実務訓練の方針で「部落防衛を目途とせる軍事訓練」とあるように、兵力としての訓練が明記されている。また、「満洲開拓青少年義勇隊（満蒙開拓青少年義勇軍）綱領」においても、訓練科目の「軍事」の目的を「警備および戦闘に関する直接的基本教練を主とし、防空、防諜その他非常の際に善処し、かつ原住民指導者の立場における集団的措置に関する訓練をする」と定めている。日本国内においては青少年の愛国心を喚起してより多くの応募を得るために義勇

図④　現地での農作業の様子（『写真集　満蒙開拓青少年義勇軍』）

図⑤　「語学」の授業風景（『写真集　満蒙開拓青少年義勇軍』）

図⑥　軍事教練の様子(『写真集 満蒙開拓青少年義勇軍』)

「軍」と称しながら、満洲では現地民からの視線を意識して義勇「隊」へと名称を変更していたわけであるが、実際には現地で自らの身を守るために、また、関東軍から期待される兵力としての役割を果たすためにも、軍事訓練が重視されていたのである。

　こうしたさまざまな科目を組み込んだ一日の流れについては表②のとおりである。日が長く作業も多い夏期と、日が短く外での作業の困難な冬期とで異なっている。夏期は外での作業に重点を置き、昼食後に午睡の時間を取るなどの配慮がなされ、冬期は座学に力が入れられた。さらに、夏期と冬期とをつなぐ四月と一〇月は起床の時間を若干ずらすなどの工夫も見ることができる。

　ただし、以上のような訓練カリキュラムがそのまま正確に実行されたとは考えにくい。各時代の、各訓練所の事情に合わせて、計画は大きな変更を余儀なくされたはずである。

　こうして三年間の現地訓練を終えた義勇軍は、それぞれ開拓団へと移行した。開拓団へと移行し

	課　別	夏期 5月〜9月	夏期 4月・10月	冬期 11月〜3月	摘　　要
基礎訓練	起床	5:30	6:00	7:00	禊、清掃、整頓
	朝行事	6:00	6:30	7:30	点呼、礼拝、体操、唱歌訓話、夏期は簡単な作業
		6:50	7:50	8:20	
	朝食	7:00	8:00	8:30	
	課業	8:00	9:00	9:30	夏冬を通じ1日3時間以上の学科
		11:30	12:00	12:00	
	昼食	12:00	12:30	12:30	
	課業	14:30	13:30	13:30	主として作業。夏季は午睡、冬期は学科を行なうことあり
		18:30	17:00	16:00	
	夕行事	18:40	17:10	16:10	夕拝、共同反省、体操
	入浴夕食	19:00	17:30	16:30	
		19:50	19:20	17:50	
	自習	20:00	19:30	18:00	研究会、座談会等を開催
	点呼消灯	21:00	20:30	20:00	
		21:30	21:30	20:30	
実務訓練	起床	5:30	6:00	7:00	禊、清掃、整頓
	朝行事	6:00	6:30	7:30	点呼、礼拝、体操、唱歌訓話、夏期は簡単な作業
		6:50	7:50	8:20	
	朝食	7:00	8:00	8:30	
	課業	8:00	9:00	9:30	学科
		11:30	12:00	12:00	
	昼食	12:00	12:30	12:30	夏季は食後午睡をとることあり
	課業	14:00	13:30	13:30	主として作業。夏季は天候により午前の学科と取替えることあり
		18:30	17:30	16:00	
	夕行事	18:40	17:40	16:10	夕拝、共同反省、体操
	入浴夕食	19:00	18:00	16:30	
		20:20	19:20	18:00	
	自習	20:30	19:30	18:30	研究会、座談会等を開催
	点呼消灯	21:00	21:00	20:00	
		21:30	21:30	20:30	

表②　訓練日課表（満洲開拓史復刊委員会編『満洲開拓史』をもとに作成）

た義勇軍には、一般開拓団と区別するために「第〇次〇〇義勇隊開拓団」という名称が用いられた。第一次義勇隊が三年間の訓練を修了して開拓団へと移行したのは昭和一六（一九四一）年であるが、この年の一〇月一日をもって、六四の実務訓練所から大小合わせて七一の開拓団が創設された。総人員は一万七〇〇〇人におよんだ。ただし、開拓団以外への進路、すなわち満鉄をはじめとする企業や公官庁への就職を選ぶ者も、判明しているだけで四〇〇名以上おり、軍への入営を希望する者の数も相当数にのぼった。その他、四〇〇名ほどの長期療養生については訓練本部が身元を引き受けた。

訓練所での経験

満洲の現地訓練所や開拓団での経験は、おそらく渡満した時期や入所した訓練所によって異なるであろうし、同じ経験に対する感じ方も個人によって違うはずである。したがって、満洲での義勇軍や開拓団の実態を一面的に記述することには慎重でなければならない。しかし、彼らの満洲での生活が、義勇軍勧誘の際に与えられたイメージと異なるものであったことは疑うべくもない。少なくとも、

よく現地訓練はどんなことをするのか、ひどい生活をするのではないかと心配する人がありますが、国家事業であつて政府が責任を負つてやるので衣食住に保健に充分の注意を払つて居り、

むしろ内地より環境が不自由であるだけ行届いた施設をしてゐます。而も実際問題として現地へ行くと大陸気分で何となくノンビリしコセ〳〵しませんから、少年隊は「現地の生活は楽で愉快だ」と云つてゐます。

（拓務省拓務局「満洲青年移民の栞」）

という、拓務省の宣伝文句をそのままみずからの感想として語る人はいないであろう。

断片的ではあるが、現地訓練について義勇軍体験者から筆者が直接うかがった語りの例をあげてみよう。

加賀昭次《てるじ》さんは昭和一七（一九四二）年四月に岡山県の西中隊の一員として渡満した。西中隊は昌図特別訓練所で基本訓練を一年行ない、大石頭《だいせきとう》訓練所で実務訓練を行なったのちに、吉林省敦化《とんか》県へと入植した開拓団である。

加賀さんの記憶では、現地訓練所の一日は、まず小隊ごとに並んで朝礼があり、中隊長が「ひとことモノを言う」。朝食をすませると、畑の草取りや薪拾《たきぎ》いといった作業に出る。五個小隊のすべてが一度に作業に出るのではなく、訓練所に残る小隊もあり、学科などの講義を受けた。午後も作業だが、鉄砲の訓練のためにいくつかの小隊が残された。このように、小隊を単位として、交代で作業や学科、軍事訓練などが行なわれたのである。

農作業には関東軍の使い古しの戦車が使われていた。戦車に器具をつけて引張り、一日に一〇町ほどの畑を耕す。それを二頭引きの馬を使ってきれいにならしてから、高粱《コウリヤン》などを蒔いた。土地が肥えていたので、開墾さえすれば何でもよく育った。水田も作っていた。苗は作らず直播である。カモが多いので、カモの鼻（くちばし）よりも少し深く水を張った。朝鮮人の人夫を雇って作業をしていた。

冬には曇って雪が降った。雪が積もることはなかったが、風が吹くと気温は零下一〇度くらいまで下がり、農作業をすることはできない。だから冬は銃の手入れをしたり雑談をしたりしながら過ごしていた。

加賀さんは昭和二〇年六月には第五次義勇隊開拓団（昭光開拓団）として入植まで果たしている。義勇軍の歴史のなかでは比較的安定した時期の現地訓練を経験したことになろう。

一方、湯澤政一《まさいち》さんは昭和一九年五月末に渡満した長野県の両角《もろずみ》中隊の一員であった。両角中隊は渡満後、鉄驪大訓練所で基本訓練を終えたのち、三江訓練所での実務訓練に移行して終戦を迎えている。

体格の小さかった湯澤さんは渡満の条件を満たすことができず、両角中隊が渡満したのちも内原での訓練が継続された。渡満の夢がかなったのは一〇ヶ月後のことである。そのとき両角中隊は鉄驪大訓練所での基本訓練を終え、すでに三江訓練所に移っていた。そこに合流した湯澤さんたち「残留組」を待っていたのは、中隊内におけるいじめであった。「おまえたちは満洲の冬を経験していない」などと因縁をつけられては殴られるのである。

湯澤さんは畑での作業の担当であった。畑は長さが一キロ余りもあるような広大なもので、柳の枝を編んだかごに大豆を入れてたすき掛けにし、両手で畝《うね》に蒔《ま》いていく。そこに馬二頭に引かせたプラウで土をかぶせる。水田も一〇町ほどあったが、終戦間際には地元民に畔を切られるなどの妨害を受けたうえ、結局終戦によって収穫にはいたっていない。

現地訓練所での食事はいたって粗末なものであった。戦局の問題もあったのであろう。米はすべて備蓄にまわされ、食べられるのは高粱や大豆ばかりであった。みんなが空腹を感じていたという。そこで少年たちは、畑から前年収穫した大豆の殻を集めてきて火をつける。すると残っていた豆がはぜる。多少生臭いが、重要な食糧であった。また、日曜日にはみんなで川をせき止めて魚を捕った。ニッコウキスゲのつぼみを煮て食べたこともあったという。

そうしたなか、現地の人の村へ行くと、喜んで饅頭などを分けてくれた。そのお返しに釣針や薬を渡す。満洲拓植公社がただ同然の値段で畑を奪い去ったにもかかわらず、湯澤さんの接した現地の人びとは義勇軍の少年たちに対して優しかったという（満蒙開拓を語りつぐ会『下伊那のなかの満洲 聞き書き報告集』九）。

湯澤さんが渡満した時代にはすでに戦局が厳しさをきわめていた。それぞれの中隊の持つ雰囲気や入所した訓練所の置かれた環境の違いもあるかもしれないが、加賀さんの記憶と比べて、明らかな制度の疲弊、そして訓練生の悲壮が感じられる。

ここで紹介した事例は、筆者が聞き取ったことを中心としているが、数多く出版されている手記には、三者三様の満洲経験が綴られており、人さまざまの「訓練所後」があったことを付記しておきたい。

義勇軍のかかえた闇

昭和一六（一九四一）年に満洲国最高検察庁より出された「満洲国開拓地犯罪概要」には義勇軍による犯罪も報告されており、裁判等の過程で明らかとなる犯罪の動機や原因からは、必ずしも穏やかとは言いがたい当時の訓練所の雰囲気を垣間見ることができる。

義勇軍が引き起こした事件としては、昭和一四年五月に奉天省昌図特別訓練所で起こった昌図事件が有名である。これは新旧中隊間の抗争から三名の死者を出し、三二名が有罪の判決を受けた事件であるが、こうした騒擾、殺人をはじめ、傷害、暴行、横領、窃盗といったさまざまな事件が、全満の訓練所でたびたび起こっていた。その具体的内容は、昌図事件のように異なる中隊同士の対立の末の集団的な暴行、殺人のほか、中隊長や幹部への不満が募った末の騒擾、傷害、中隊の食料や備品の横領、地元住民からの窃盗や地元住民に対する暴行、殺人など多様である。いくつか例をあげてみよう。

放火（昭和一五年三月　徒刑二年、執行猶予四年）

牡丹江省の吉山鉄道自警村訓練所で訓練中の少年が、干し草に火をつけて農具倉庫一棟を焼いた。その原因は、積み重なった訓練所幹部への不満である。少年は、現地での訓練所生活が日本で想像していたものと大きく異なったため、退所を申し出たが許されず、無断での退所を試みるも発見される。こうした事情から幹部の信頼は得られず、立ち直る努力も認められない。ある日、少年は幹部から仮病を疑われ、叱責を受けたことを思い出し、衝動的に放火にいたった。

騒擾・窃盗・横領（昭和一五年八月　起訴猶予、他の訓練所への異動、所長の更迭）

安東省の四台子《したいし》鉄道自警村訓練所で訓練中の四三人の少年が、夜密かに飲酒などをするための費用に窮して訓練所内の備品を盗んで売り払ったほか、さらなる自暴自棄の末に、幹部を襲撃して訓練所を解散に追い込もうと企てた。その遠因は、訓練生同士の対立にあった。訓練所幹部が訓練生同士の対立を解消できずにいるうちに規律が乱れ、そこに新幹部への不満も加わることで事件へといたった。

罪状不明（昭和一五年四月　処分不明）

牡丹江省の沙蘭鎮《さらんちん》訓練所第十二中隊の訓練生八人が地元民との乱闘の末、小銃で射殺におよんだ。この事件は、休日に地元民の集落を遊びに訪れていた四人の訓練生のうち一人が、葬式の会葬者が着ていたロシア製のオーバーの値段をたずねたことにはじまる。法外な値段を吹っ掛けられて憤慨した訓練生が、この地元民の腕をねじりあげたことから会葬者と乱闘になる。訓練生たちは逃げ帰って留守番をしていた訓練生の応援をあおいで戻るが、ふたたび形勢不利となり、ついに発砲におよぶ。

見知らぬ土地での家族と離れた集団生活は、思春期の少年たちにとってはあまりにも過酷であった。思い描いていた満洲での生活との大きなギャップや訓練生同士の人間関係に悩み、さらには指導者の横暴に苦しめられる。そして、その鬱憤がさまざまな事件を引き起こすのである。

こうした義勇軍の犯罪の原因について「満洲国開拓地犯罪概要」では「幹部ニ対スル不満或ハ訓練不充分ノ為余暇アルコトヤ、満人トノ言語不通、優越感等ニ発スルモノガ多イ」と分析している。そうしたなか、「指導者ニ人ヲ得ナイ」ということに特に注目していることが興味深い。「満洲国開拓地犯罪概要」では、昭和一四年に拓務省の委嘱を受けて二ヶ月にわたって義勇軍と起居を共にし、視察を行なった大阪の小学校教員の報告が転載されている。そこには、「茫々タル雑草畑、混乱ヲ極メタル舎内夥シキ残飯、果テハ支給品ノ転売、仮病ノ休養、居眠《(ママ)》レル歩哨等々実ニ意想外ノ事ヲ見タリ」とあり、その原因が「幹部ノ無定見、無気力、無能」にあると断じている。

義勇軍の幹部、すなわち指導者の数的、質的不足は、制度の開始以来一貫した課題であり、そのことは当局も認めるところであった。

一個中隊三〇〇人に対して中隊長以下幹部が五人割り当てられるとする。計画どおり三万人の義勇軍を送出するためには一〇〇個中隊五〇〇人の幹部人員が必要となる。さらに訓練所にも職員を配置しなければならない。一般開拓団への応募者さえ不足するなか、義勇軍に必要な幹部人員の確保は容易ではなかった。昭和一四年に満洲移住協会から発行された「義勇軍、開拓団　幹部員応募勧奨の栞」では、中隊長以下二人の幹部は、その中隊を送り出す各府県が推薦することとなっていたが、中隊にはさらに三人の幹部が必要となる。その他にも現地訓練本部から職員派遣の要求がきており、合計六〇〇人近くの人員が必要だと説明されている。

さて、幹部に関する規定についても、義勇軍発足当初は明確に定められておらず、一、二ヶ月という短期の訓練を受けてすぐに義勇軍に配属されていた。したがって、幹部の養成に関してもやはり昭和一四年の「満洲開拓政策基本要綱」「付属書」の、「指導員」は「青年義勇隊に在りては中隊長の外数学、農事、教練、庶務、経理及特科の担当者」であり、「各種関係機関の協力に依り汎く学生、農村指導者、青年義勇隊訓練生及開拓関係者中より適格者を簡抜する」という規定を待たなくてはならない。

さて、幹部の訓練所はそれぞれ内地と現地とに設けられていた。

日本国内の義勇軍幹部の応募者はまず、内原内地訓練所近くに設けられた満蒙開拓幹部訓練所で一年間の訓練を受ける。所長は加藤完治が兼務しており、訓練内容も義勇軍のものと多くの部分で共通していた。ただ、義勇軍への応募者と同様に満蒙開拓幹部訓練所の入所者数も次第に減少し、昭和一九年度以降は二ケタであったという。こうしたなか、昭和一八年に満蒙開拓幹部訓練所の敷地内に満蒙開拓指導員養成所が開所する。養成期間は三年間である。しかし、戦局の悪化にともなう奉仕作業のために訓練に集中することはできず、さらに終戦によって一人も満洲に送られることなく閉鎖された。対策は遅きに失したと言わざるを得ない。

一方、現地での開拓指導員の訓練については、北大営の日本国民高等学校において昭和七年からはじまっていた。その後同校は規模の拡大にともなってハルピンに移転して満蒙開拓哈爾濱《ハルピン》訓練所となる。ここに「嚮導訓練所」が設置される。これは基本訓練を修了した義勇軍訓練生のなかから有能な人材を選抜し、将来の義勇軍の指導者を養成する訓練所である。

こうした努力にもかかわらず、義勇軍の応募者数同様、指導者の応募者数も減少の一途をたどった。まず、三万人の渡満ありきではじまった義勇軍の制度が、その指導者の確保でつまずき、最後までこの問題の解決にいたらずに終戦を迎えたことは、何よりも義勇軍の少年たちにとっての災いであった。満洲の義勇軍による犯罪の記録は、彼らの犯した罪そのものよりも、「指導者ニ人ヲ得ナイ」という彼らに覆いかぶさった不幸を私たちに印象づける。

戦時下における義勇軍の変質

日本海軍による真珠湾攻撃の直後、昭和一六（一九四一）年の末に閣議決定された「満洲開拓第二期五か年計画要綱」には、満洲開拓の方針がつぎのように記されている。

満洲開拓政策第二期五か年計画は東亜共栄圏内における大和民族の配分布置の基本国策に照応し二十か年百万戸計画の開拓政策基本要綱に則りさらに第一期五か年計画の実績に鑑み現下の

戦時態勢に即応し日満両国一体的の重要国策たる使命をさらに昂揚し、特に日本内地人開拓民を中核とする民族協和の確立達成、東亜防衛における北方拠点の強化、満洲農業の改良発達および増産促進に重点を指向してこれが策定をなすものとす。

さらに具体的な要領としては、昭和一七年度以降の五ヶ年で一般開拓民、義勇軍開拓民を合わせて二二万戸、青年義勇隊一三万人という、これまでの実績を見れば明らかに不可能な数値目標をたてている。こうした目標は、軍や軍需産業への動員、国内における食糧増産といった情勢のなかでますます達成が困難となる。

昭和一八年九月一七日に関東軍参謀長より陸軍省軍務局長にあてて出された「戦時緊急開拓政策実行方策に関する件通牒」では、一般開拓民の新規渡満を補充入植に重点化し、義勇軍の新規渡満数については「日本における労務ならびに満洲における施設整備の実情等を勘案しこれを定むる」と、かなり時局に合わせた現実的な路線に舵を切っている。さらに、内地における入植者確保については「開拓民ならびに義勇隊進出促進啓蒙運動に関する件」として、満洲開拓という夢で人びとをひきつけるのではなく、戦時における国民の愛国心に直接的に訴えかける方法への転換を図る。少々長くなるが引用しておこう。

満洲開拓は極めて容易にしてかつ個人的に有利なる事業なるがごとく誇張して宣伝し甘言をも

って募集するがごときことを全然廃止し、満洲開拓聖業の真義を十分認識せしめ、特に大東亜戦争完勝、大東亜共栄圏完成のための大和民族東亜配分布置の大本たる所以をよく知らしめ、且つ開拓は決して労せずして成功するものには非ざるも、幹部にその人を得、各員断乎たる決心と必要なる訓練とをもってこれを行なえば必ず成功する所以を十分納得せしめ、大東亜戦争完勝と大和民族永遠の発展と、各人の子孫万代の繁栄とのため好んで難に赴くの意義をもって勇躍開拓民ならびに義勇隊たらんことを志願するよう国民的啓蒙運動として開拓民ならびに義勇隊進出促進を図るよう転換すること

義勇軍の募集については、その当初から予定の人員を確保することができず、想定外の対応を講じる必要にせまられた。とくに、戦局の拡大はさらなる応募者の不足を招いたが、これまでのように、まさに満洲の利点を「誇張」し、「甘言」を弄して移民を募集するよりも、社会的に高まる愛国主義の機運を利用し、「日本国民の崇高なる使命」として開拓を位置づけた方が応募者が増えるという判断が働いたのである。

さて、こうした社会状況の変化は義勇軍に求められる役割そのものをも変えていった。すなわち、義勇軍の軍や工場への派遣である。たとえば、昭和一九年末に出された「満洲開拓青年義勇隊訓練生臨時軍派遣概況」には、訓練三年目の中隊を軍の補給廠の警備のために一年間派遣することが記されている。この時点での身分としては軍属であった。派遣期間終了後は訓練に戻ることなく、そ

のまま義勇隊開拓団へと移行した。訓練としては不十分なように思われるが「義勇隊開拓団本来の使命たる営農を中心とする錬成の昂揚を期す」ためという建前が掲げられていた。また、同年の「満洲開拓青年義勇隊戦時勤労挺身隊概況」には、一二月から三月までの冬期の四ヶ月間、義勇軍を「重要工場」に派遣することができると定められている。こちらもまた「義勇隊訓練の完成に資する」とはうたっているが、戦局の悪化にともなって義勇軍が開拓という本来の目的から逸脱し、満洲という国防の最前線を支える人員へと変質していった姿をよく表していると言えよう。こうした軍や工場への義勇軍の派遣によって、当然のことながら開拓、営農といった作業は不可能となっていったのである。

1――本章では煩雑を避けるため、渡満後の義勇隊についても便宜的に「義勇軍」と呼ぶこととする。
2――既に述べたように、「特技訓練」については各中隊から適格者が選抜され、訓練本部において訓練が行なわれた。また、種目によっては外部機関に委託して訓練が実施されることもあった。

コラム④

「義勇軍の火野葦平」と呼ばれた男

高 媛

もう満洲へ来たのだ。内原を出てから一週間、長旅で体中は綿の様に疲労して居るが、あんなに案じ暮した道中を無事に過して、現地訓練所に入所出来るのが無上にうれしく思はれ、大連で「ブジツイタアンシンセヨ」と打つてやつた電報が、本当に親孝行したものであるやうに疲れた頭を蘇らせた。

満洲開拓文学の名作『土と戦ふ』は、このような一文から始まる。著者は菅野正男《かんのまさお》。昭和一三（一九三八）年四月二五日、嫩江《のんこう》訓練所に入所した第一次満蒙開拓青少年義勇軍訓練生の一人である。

菅野は大正九（一九二〇）年、岩手県の農家に長男として生まれた。農業補習学校の卒業を目前に、県の社会課員は彼の学校で義勇軍を募集する講演会を開く。「天下国家の状勢を詳に説き、今国家存亡の重大時なるを弁じ、満蒙開拓民の重大性を演じた」その熱弁に感動し、彼は親の反対を押し切って義勇軍への志望を決意した。

農業補習学校時代の恩師の影響で、菅野は在学時から文章を書くのが好きだった。渡満した昭和一三年の年末にも、満洲から地元の『新岩手日報』に「義勇軍便り」を二回寄稿していた。この頃すでに菅野は嫩江訓練所中隊長の指導のもと、生活記録『土と戦ふ』の創作を始めている。題名は、火野葦平のベストセラー『土と兵隊』を参考にして付けた。

『土と戦ふ』が最初に発表されたのは、満洲移住協会の宣伝誌『新満洲』である。満洲移住協会は、青少年義勇軍を含む満洲移民全般の宣伝、募集、斡旋を担う拓務省の外廓団体として、昭和一〇年一〇月に東京に誕生した。宣伝誌は当初『拓け満蒙』の題で昭和一一年四月に創刊され、その後、昭和一四年四月と一五年一月にそれぞれ『新満洲』『開拓』と二回改題した。『土と戦ふ』を投稿する前にも、菅野はこの雑誌で公募されている「大陸開拓の歌」に応募し、一〇名の佳作の中に入選を果たしたことがある。

『土と戦ふ』の連載第一回が『新満洲』昭和一四年五月号に発表されると、たちまち掲載号が品切れになるほど好評を博した。翌月の連載終了と同時に、早くも満洲新京にある大陸建設社から一〇二頁の単行本として出版され、三ヶ月後の九月に再版された。

『土と戦ふ』表紙（増補版、満洲移住協会、1940年1月）

さらに、本書を前篇とし、『新満洲』一〇月から一二月まで連載された後篇を加えて、翌一五年一月には一六二頁の増補版が満洲移住協会から刊行されている。この増補版は初版の一万部がわずか三ヶ月で売切れになり、昭和一六年九月には改装三五版、一八年五月には四五版を重ねた。おまけに、作家、評論家など各界の著名人が相次いで書評を発表し、そのなかの一人、大陸開拓文芸懇話会の作家・福田清《ふくだきよ》人《と》は『アサヒグラフ』（昭和一四年一一月二九日号）で、まだ弱冠一九歳の菅野を「義勇軍の火野葦平《ひのあしへい》」とまで絶賛している。

もっとも、これだけ驚異的なヒットを叩き出せたのには、『土と戦ふ』が文部省と拓務省による推薦図書の指定や、農民文学有馬賞、満鉄総裁開拓文化賞、満洲国民生部大臣賞の受賞など、政府機関や後援機関から数々のお墨付きを得た背景がある。

実際、『土と戦ふ』はいわゆる美辞麗句で並べられるプロパガンダ的な文章とは一線を画し、気候の寒さや衛生条件の厳しさ、屯墾病の蔓延、物資の欠

菅野正男

乏などが生々しく描かれ、一歩間違えば、義勇軍政策への批判にもなりかねない異色な作品である。たとえば、入所した翌朝の食事に砂の入った粟飯が運ばれてきた時、「「満拓公社は何をして居る。」「砂の入つた飯を食はせて盲腸を悪くしたらどうする。」と呟やく者も一人や二人ではなかつた。私は、無理に食つて顔を顰《しか》めたりしてゐる人を見ると自分の事のやうに腹立たしくなつた」と菅野は赤裸々に綴っている。

ただし、『土と戦ふ』は困苦や試練の描写だけに止まるものではなかった。訓練所の困苦欠乏を赤裸々に書いたあと、必ず「嘗て不平を言ひ、不満を抱いてゐた自分の姿が醜く見えて悔恨の情懐が犇々《ひしひし》と胸に迫る」「次に来る試練が大きければ前の試練を完全に征服することが出来る」といった方向へと昇華していくのである。これこそ、一般読者の心を摑む「誇張無き真実味」が担保されるとともに、国策を推進する側からも公的推薦が受けられた最大の理由であろう。

昭和一四年一一月、各県の代表四七名からなる義勇軍現地報告隊の一人として、菅野は日本へ一時帰国し、一ヶ月半に亘る講演活動を各地で行った。加えて『土と戦ふ』以降、開拓関係の雑誌だけでなく、『アサヒグラフ』『婦人公論』『現代』といった内地の総合雑誌、婦人雑誌からも原稿依頼が殺到した。その心労が重なり、菅野は昭和一五年二月から満洲現地の病院に入院する。病床の中でも日記を書き続け、「闘病日記」として『現代』昭和一五年一二月号に発表したが、それが彼の最後の作品となった。翌年五月一九日、菅野は北満の富拉爾基《フラルキ》満鉄保養院で逝去した。享年二二歳である。

菅野正男のように、満蒙開拓青少年義勇軍の国策のもとで満洲へ送り込まれた青少年の数は、終戦までに約八万六五三〇人に上り、満洲開拓移民総数の三分の一弱を占めている。

第五章

義勇軍と女性たち

村山絵美

義勇軍は男性のみの集団であったわけではない。男性に比べて非常に少なかったが、義勇軍の訓練所付属病院の看護婦や寮母のように、女性職員も存在した。彼女たちは、故郷を離れて義勇軍入りした少年たちの母や姉代わりとなって彼らの世話をした。本章では、義勇軍の看護婦として渡満し、彼らと共に引揚げを体験した二人の女性、森オトヨさんと森田ミチさんからの聞き書きをもとに、当時の若い女性が看護婦という職業を選択したきっかけやその背景、従軍看護婦としての仕事、引揚げ時の状況やその後の仕事について述べる。[*2] 彼女たちの「語り」を通して、従来男性の視点で語られがちであった義勇軍に対し、女性の視点を加えた実像を明らかにしていきたい。

寮母と看護婦

義勇軍の訓練所職員の担当職務は、所長、教務部長、訓練部長、増健部長、大隊長、中隊長、事務、教学、農事、畜産、特技、医師、寮母、看護婦等に大別されており、寮母と看護婦は女性の仕事とされていた（満洲開拓史復刊委員会編『満洲開拓史』）。

寮母は、少年たちが家庭を離れて共同生活を送るにあたり「母性的保育」の必要性から、昭和一三（一九三八）年に募集が行われた。応募条件は、旧制女学校を卒業した二五歳以上の寡婦か独身女性とされ、一回目の募集では定員五〇名に対して、二三六名の応募があった。採用された者は、満洲移住協会が寮母養成を委託した東京府渋谷区千駄ヶ谷にある聖和学苑に入所し、二ヶ月ほどの訓練を受けた後、茨城県内原《うちはら》の日本国民高等学校（日本農業実践学園）で約一ヶ月間訓練をしてから、満洲の各訓練所に配属された（内原訓練所史跡保存会事務局編『満州開拓と青少年義勇軍』）。

寮母は、昭和一三年から一八年にかけて八回にわたって派遣されたが、その年齢は二五歳から五〇歳までと幅広く、総数は二二九名にのぼった。寮母たちは現地の訓練所内の宿舎に住み、各中隊を巡回訪問し、少年たちに衣服の修理や洗濯を教えるなどの生活指導を行った。時には、訓練生か

図①　少年たちの炊事を手伝う寮母（『写真集　満蒙開拓青少年義勇軍』）

図②　裁縫の指導もした（『写真集　満蒙開拓青少年義勇軍』）

らだれにも言えないような悩み事を相談されたり、病気になった訓練生を徹夜で看病するというようなこともあり、少年たちから母や姉のような存在として慕われていたという（満洲開拓史復刊委員会編『満洲開拓史』）。

この寮母以外に義勇軍の訓練所で女性職員として働いていたのが、訓練所の病院に勤める看護婦たちであった。数千人もの少年を擁する訓練所では、特に保健衛生に注意が払われた。満洲に渡るまでに少年たちが訓練を受ける茨木県の満蒙開拓少年義勇軍内原訓練所では、日輪兵舎の建設と並行して、昭和一三年に病院の建設が始められ、内科、外科、眼科の専門医が各一名配置された。同年秋には、医師は七名に増員された上、歯科医も配置され、八名の看護婦が在籍するようになり、当時の最新の医療器具が整備されていった。病院の陣容は拡充され、内原訓練所内の義勇軍病院は、昭和一七年から一八年に最も診療体制が充実し、当時は常勤医師一二名、嘱託医一名、薬剤師二名、レントゲン衛生技手三名、衛生助手三名、看護婦一三名、見習看護婦三四名、その他灸療関係、事務棟を含めて八六名の病院関係者が在籍していた。戦局が悪化していくなかで、召集される者も増え、昭和一九年には医師は五名になり、看護婦も見習を含めて三七名に減少していた（内原訓練所史跡保存会事務局編『満州開拓と青少年義勇軍』）。

この他、昭和一七年に茨木県新治郡《にいはりぐん》田余村《たまりむら》（現・小美玉市）に満蒙開拓青年義勇隊内地特別訓練所が新設された。内地特別訓練所には、満洲の訓練所で結核などに罹患し、長期療養が要された約三〇〇名の患者が収容された。ここでも、多くの医師が常駐し、看護婦や見習看護婦の女性が働いていた。

満洲の義勇軍の各訓練所にも、病院、分院、診療所、休養室などの施設が設けられていた。看護婦たちは、内原訓練所内の病院や内地特別訓練所などで研修を受けた後、満洲の各訓練所の医療施設に配属され、訓練所内の看護婦宿舎で生活しながら看護の仕事を行った。

次に、内原訓練所や内地特別訓練所での研修を経て、満洲へ渡った二人の看護婦からの聞き書きをもとに、義勇軍における女性の経験の具体例を見ていきたい。

満洲への憧れと看護婦になるまで

森オトヨさんは、大正一三（一九二四）年、福島県白河市東釜子《ひがしかまこ》に五人きょうだいの三女として生まれた。高等小学校を卒業すると、東京の紡績工場で働いていた姉を頼って上京し、西新井の開業医のもとで見習看護婦として働いていた。森さんと義勇軍との関わりは、姉の勧めで内原訓練所の病院に見習看護婦として入所することに始まる。

東京の個人医院から内原訓練所の病院に移ったのは、二つの理由があった。一つは、待遇の良さである。開業医のもとでは、住込みでご飯が食べられる代わりに給料は支給されなかったが、内原訓練所では宿舎が用意され、毎月の給料も支払われる月給制だった。その上、看護婦の免許が取得でき、手に職を得ることができた。当時、女性の仕事というと、紡績工場で女工として働くか、住み込みの女中になるか、電話交換手になるかといったように選択肢は少なかった。そのようななかで、技術を身につけられる看護婦の仕事は、魅力的であったという。

もう一つの理由は、満洲に渡れることである。生計上の理由だけでなく、森さんは学校教育を通して満洲への憧れを抱いていたという。内原訓練所の病院の募集は、満洲に憧れていた姉から教えてもらった。森さん自身、もともと幼い頃から好奇心が強かったこともあり、満洲行きは自分で希望した。内原訓練所の病院へ移ることを両親に告げると、父親はだまって応募書類に押印してくれたが、母親には止められた。「そんな遠くに」と心配した母親に対し、森さんは「遠くといっても年に二、三回は帰って来られるし、大丈夫」と答えた。当時の森さんにとっての満洲行きは、遠方の異境の地へ赴くというよりは、故郷から都会に出て行くという感覚に近かったという。

図③　内原訓練所の医師と同僚たち（森オトヨさん提供）

森さんは、看護婦として手に職をつけられる上、憧れの満洲に渡れるということで、昭和一五年から内原訓練所の病院に勤務することになったのである。もちろん、内原訓練所の病院に移ってか

図④　内原訓練所の看護婦の集合写真（森オトヨさん提供）

図⑤　同僚の看護婦たちと出かけた大洗海水浴場（森オトヨさん提供）

らすぐに満洲へ行けるというわけではなく、満洲に渡ることになる昭和二〇年まで、内原訓練所内の病院で看護の技術を修得していった。森さんは、内原訓練所内にある病院用寄宿舎で同僚の看護婦等と共同生活を送った。休日には、病院側が企画したきのこ狩りに参加したり、大洗の海水浴場へ同僚と一緒に遊びに行くこともあった。同僚は、一七、一八歳の同世代の女性が多かったという。

内原訓練所内には、各地から集合した義勇軍の中隊が駐屯していた。義勇軍は、一四、五歳の少年が大半を占めていた。少年たちは、農事訓練や軍事訓練などを行っており、怪我をすると病院に来ることもあった。

鉄驪訓練所での出会い

昭和二〇（一九四五）年三月、いよいよ満洲へ渡ることとなった。内原から列車に揺られて下関まで行き、下関の港から船に乗って釜山《プサン》に到着した。釜山からは列車に乗って、満洲国北安省鉄驪《てつれい》まで行き、鉄驪訓練所の病院に配属された。駅から約四キロも先にある鉄驪訓練所が見えるほど、周囲に建物はなかった。満洲では、草原に咲き乱れる花に感動した。草原には、福寿草、桜草、すずらんなどが咲いた。地平線に沈んでいく大きくて真っ赤な夕日も、日本では見られない風景だった。満洲の気候は乾燥しており、雪をすくって空に放つと、粉雪が舞った。

鉄驪訓練所では、看護婦専用の寄宿舎があり、そこで共同生活を送った。主食は米で、敗戦になるまでご飯に困ることはなかったが、電気は通っていなかったので、ランプ生活であった。寄宿舎は平屋の一軒屋で中央に入り口があり、二部屋ある造りだった。一部屋三、四名だったが、同僚の年齢はばらばらだった。この鉄驪訓練所で森さんは、引揚げで苦労を共にすることとなる森田ミチさんと出会う。

森田さんは、森さんよりも一ヶ月早い、昭和二〇年二月に満洲に渡ってきた看護婦の同僚である。森田さんは、大正一五（一九二六）年、新潟県岩船郡関川村に六人きょうだいの次女として生まれた。義勇軍との関わりは、森田さんが一八歳の時、内地特別訓練所の看護婦に応募したことが始まりである。

森田さんは、幼い頃に姉が入院した際、看護婦に接したことで、看護という仕事に興味をもった。手に職をつけられる看護婦という仕事は、他の女性の仕事とは違うように感じていたという。また、森田さんも森さんと同様に満洲へ憧れを抱いていた。大陸である満洲に行ってみたいという「一言でいえば好奇心」があった。そのため、内地特別訓練所の看護婦に応募した。応募については、当時森田さんの家に下宿していた学校の先生が、新聞で募集しているのを見つけ、教えてくれたという。内原訓練所の看護婦に応募するという森田さんの決断に対して、両親の反応は異なった。森さんの場合とは逆で、父親が反対したのに対し、母親は止めなかった。父親には親子の縁を切るとまで言われたが、母親は「（縁を）切られても良いから行け」と応援してくれた。

新潟県庁で行われた説明会には四名が集まったが、内地特別訓練所へ向かうために新津駅に集合したのは森田さんだけだった。昭和一八年の四月頃、森田さんは新津駅からひとりで列車に乗り、乗り換えの石岡駅で出迎えの人に連れられ、鹿島参宮鉄道の新高浜駅に近い内地特別訓練所まで来て、寮に入った。内地特別訓練所は、先に述べたように満洲で結核に罹患した少年たちのために設置された療養施設で、医師三、四名に正看護婦五名、薬剤師や検査技師のほかに、森田さんら看護婦養成所の実習生を含む約一〇〇人以上が勤務し、約三〇〇床の規模をもつ病院だった。

森田さんは昭和一九年一二月に看護婦養成所を卒業、翌二月に看護婦の免許を取得して、満洲に渡ることとなった。本来であれば、看護婦養成所の研修期間は二年間だったが、戦局が悪化する中、研修期間が切り上げられた。森田さんは、昭和二〇年二月に一四、五名の看護婦と共に医師の引率で満洲のハルピンまで行き、鉄驪訓練所に配属された。鉄驪訓練所の他に、勃利《ぼつり》、寧安《ねいあん》、嫩江《のんこう》などの訓練所があり、他の看護婦仲間も、それぞれ割り振られていった。

森田さんは、鉄驪訓練所の病院勤務となったことで、その一ヶ月後に配属されてきた森さんと出会うことになる。はじめ二人は一緒の病院で働いていたが、四〜五ヶ月後に、森田さんは同訓練所の「増健隊《ぞうけんたい》」へと配置替えになった。「増健隊」とは、身体が弱く、通常の仕事量をこなせない少年たちが四〇名ほど集められた隊で、そこに配属された女性は、寮母と専属看護婦の森田さんだけであった。森さん、森田さんは、満洲に渡ってからしばらくは鉄驪訓練所内のそれぞれの配属先で働いていた。看護婦たちは義勇軍の訓練生のことを「生徒」と呼び、訓練生は看護婦のことを「先生」と呼んでいた。訓練所は軍隊式の生活様式だったが、訓練生はあくまでも「生徒」と呼ぶような存在だった。

図⑥　医師の引率で満洲へ出発する森田さんと看護婦仲間（森田ミチさん提供）

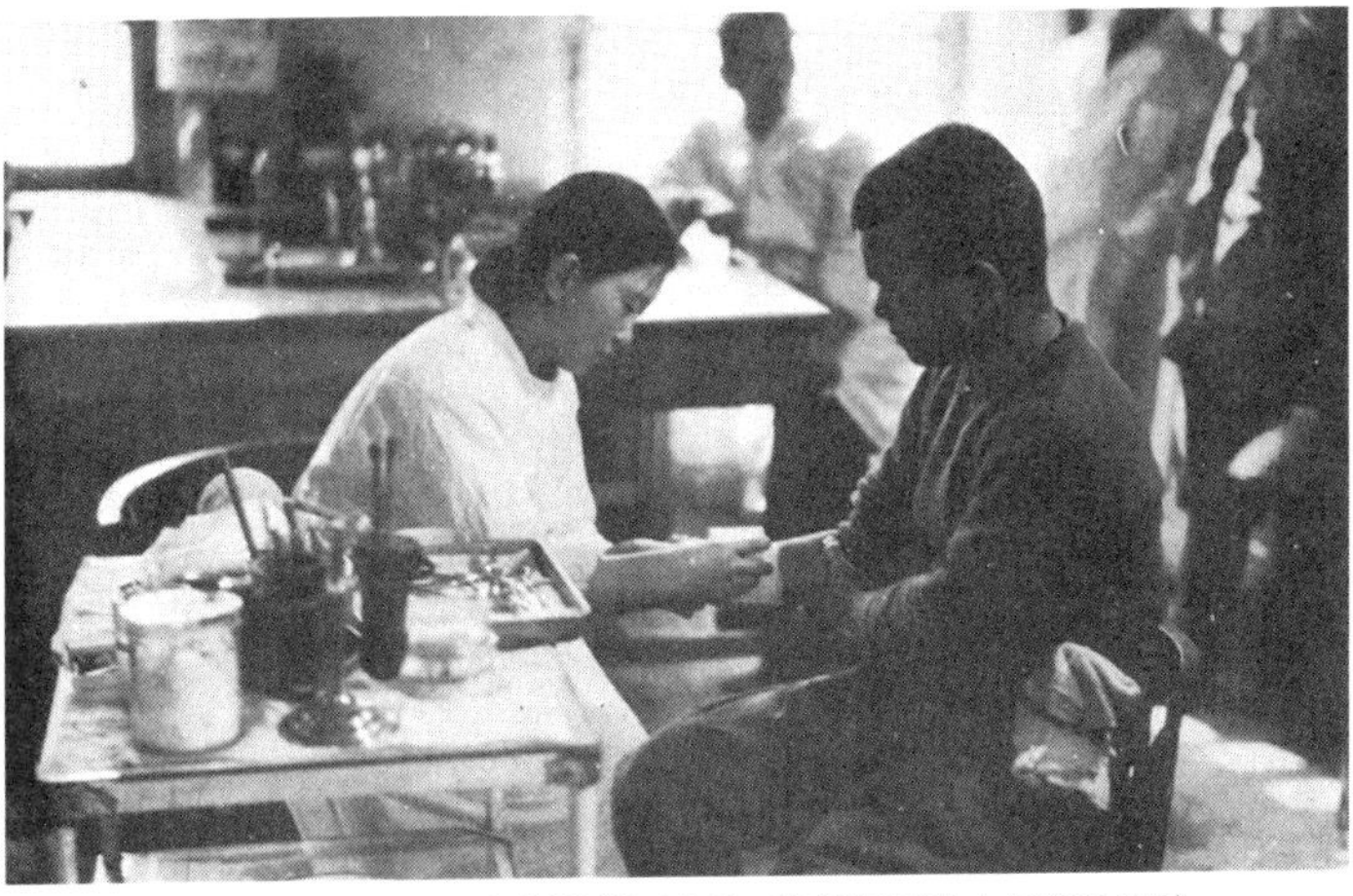

図⑦　訓練生の手当をする看護婦（『写真集　満蒙開拓青少年義勇軍』）

敗戦と襲撃の恐怖

戦局が悪化するにしたがって、鉄驪訓練所にも異変が起こるようになってきた。森さんら看護婦たちも、実弾射撃の訓練を受けた。ロシア軍の飛行機から降伏を促すビラが撒《ま》かれるようになった。森さんは、当時、敗戦を迎えたかどうかも知らされず、状況がよく分からなかったという。鉄驪訓練所の本部には情報が入っていたかもしれないが、森さんら看護婦たちには全く情報が入ってこなかった。敗戦前後になると、ロシア兵や地元の中国人が鉄驪訓練所に襲撃をかけてくるようになった。襲撃が多発することで、森さんらは情勢が悪化していることが分かった。しばらくして、玉音放送があるという話は聞いたが、直接放送を聞いたわけではなかった。

敗戦後のあるとき、五、六名のロシア兵が看護婦宿舎の裏口から入ってきた。森さんら看護婦たちは、逃げられないように戸口を塞がれ、銃を向けられた。身体検査をされ、時計など金目の物を奪われた。このロシア兵の襲撃があってからしばらくは皆、病院へ出勤せずに看護婦宿舎に身を寄せていた。しかし、宿舎にいても逃げ場がないので、頭を坊主にし、白衣を脱いで国防色の服を着て、病院で生活するようになった。宿舎に戻っても、炊事をすると煙が出て、宿舎にいることが分かってしまうので何もできなかった。煙を出すと、近隣に住む中国人が襲撃に来たという。

鉄驪訓練所の周辺は背の高い草が生えていたが、その草むらに隠れていても襲撃にやってくるため、気を休めることはできなかった。ある日、地元民から襲撃されたため、草むらに身を隠していた。しばらく経ったので、森さんと看護婦の同僚の二人が宿舎に戻ろうとしたら、地元民に待ち伏せをされていて見つかってしまった。何人か集まって来て、持っていた持ち物を全部取り上げられてしまった。

森田さんの官舎も襲撃された。敗戦直後、リュックサックに荷物をまとめておいたが、近隣に住む中国人が襲撃に来て、持っていってしまう。また荷物をこしらえて、また持っていかれて、という繰り返しだった。あるとき、携行食をつくろうと思ってかぼちゃを素揚げしていた際、増健隊の生徒が「ロスケが来たぞ、先生逃げろ」と教えてくれた。森田さんは、急いで火を止めて、何も持たずに窓から飛び降り、草むらの影に身を隠した。隣に住んでいた増健隊の寮母さんは、荷物に気を取られて逃げ遅れ、ロシア兵に捕まってしまい、金目の物を奪われてしまった。

敗戦後は、このようにロシア兵や中国人の襲撃が何度もあり、看護婦たちは皆、毎日びくびくして、緊張状態が続いていた。何度も遭遇した襲撃の恐怖は、今も忘れることはできないという。

鉄驪訓練所から長春へ

昭和二〇（一九四五）年一〇月頃、本部から連絡があり、義勇軍と一緒に引揚げることになった。敗戦時は、各開拓団の人々も鉄驪訓練所にやってきて、約四〇〇〇名が集合していた。引揚げの出発前に、病院から看護婦へ青酸カリが配布された。看護婦たちのなかでは、「綺麗な身のままでいる」ために、なにかあったら青酸カリを飲もうという心づもりがあったという。引揚げの際、看護婦たちは皆、坊主頭に国防服を着て帽子をかぶり、男装をした。

引揚げに使う列車は、鉄驪訓練所の医師が負傷したロシア兵の怪我を治療したことから、治療代の代わりに確保してもらった。森さんは、義勇軍と共に、医師や同僚の看護婦たちと一緒に行動した。病院にいた患者のうち、自分で動ける患者は全員一緒に引揚げた。凍傷になって足を切断した生徒は、森さんがおぶって連れてきた。一方、森田さんは、所属する増健隊と共に行動した。

引揚げの際、森さんらが最初に乗車したのは満鉄の客車だったが、途中のハルピンで降ろされて、貨物の無蓋車に移されてしまった。列車は思うように進まず、動いたり、止まったり、途中で一駅歩いたりした。列車が止まった際、ロシア兵が来るからと隠れたこともある。森さんの荷物は義勇軍の生徒たちに持ってもらい、凍傷の生徒は森さんがおぶって、生徒たちと共に家の壁に隠れた。

列車内ではロシア兵が頻繁にやって来て、森さんらが持っていた医療器具の入った鞄など様々な持ち物を奪われた。列車内でも気を休める暇はなく、緊迫していた。義勇軍の生徒たちが、「ロシア兵が来たぞ」と森さんら看護婦をからかうこともあった。

また、列車での引揚げの際、多くの日本兵を乗せた北へ向かう列車とすれ違ったことがあった。日本兵たちからは、「常に団体行動をとるように。個人行動はとるな。離れたらみじめだから」と忠告された。「日本に帰ったら、ロシアに行ったと家族に知らせてくれ」とも言われた。

長春に到着すると、貨物列車を降り、森さんら看護婦たちは義勇軍の中隊と別れた。長春で医師に病院を世話してもらい、森さんとある同僚の二名は、長春にできた仮設の赤十字病院に勤務した。しかし、赤十字病院内でも、自分の身は自分で守らなければならず、気が気ではなかった。森さんは、しばらくしてから、「鉄驪訓練所にいた中隊が西安炭鉱に行く」ということを耳にした。同じ訓練所だった義勇軍と行動を共にしたほうが安全だと思い、赤十字病院で一緒に勤務していた同僚と共に二人で西安炭鉱に向かった。引揚げの目途が立たず、満洲で越冬をしなければならなくなった上での決断だった。

西安炭鉱での越冬

西安炭鉱は、長春の四平街から東のほうへ入ったところにある大きな炭鉱だった。森さんと同僚は炭鉱に着くと、鉄驪訓練所で一緒だった中隊に合流した。この中隊は、越冬期間中、炭鉱に中隊ごと雇われていた。また、この西安炭鉱で、増健隊と行動を共にしていた森田さんや、他の看護婦仲間とも再会した。

西安炭鉱で森さんは看護業務ではなく、雑務を担当した。炭鉱には、一鉱、二鉱、三鉱があり、森さんは二鉱に勤務することとなった。炭鉱内には、女性用のスペースはなく、寝る場所も義勇軍の生徒たちと一緒だった。食事は高粱《コウリヤン》が主食だったため、食べ慣れずに苦労した。炭鉱にいた際も、いつロシア兵や中国人に襲われるかと、常にびくびくしていた。看護婦仲間で食事をする際、はじめのうちは談笑したりもするが、いつのまにか誰も話さなくなり、静かだったという。みんな不安を抱えて、緊張していた。その一方、義勇軍の生徒たちには、「ロシア兵が来たぞ」と嘘をつかれて、からかわれることもあった。

炭鉱のなかは、凍てつくような寒さで、実際に鉱内の一部は凍っていた。発疹チフスが流行するなどして、命を落とす人もいた。義勇軍のなかでも、伝染病と栄養失調によって小田さんという生徒が亡くなってしまった。小田さんは、身体が小さく、かわいらしかった。ある日、森さんが溶けた氷の水で生徒たちの顔を拭いてあげた際、小田さんが「僕の手も拭いて」とお願いしてきたことが印象に残っているという。小田さんが亡くなったとき、森さんは悲しくて、涙がとまらなかった。生徒たちに「泣いても小田は戻ってこない」と励まされたが、森さんの涙を見て、生徒たちも泣いてしまったという。

敗戦後、一年近く少年たちは放浪生活を続けなければならなかったが、多くの者が極度の栄養失調状態に置かれていた。森さん自身も、西安炭鉱で発疹チフスに罹《かか》り、生死の境をさまよった。一鉱に病院があったため入院したが、容態が悪く、自分が死んだら、誰が自分の死を家族に知らせてくれるのだろうかと考え、途方もない悲しみに襲われたという。病院では重湯が出されたが、症状が重く、尿の臭いがするように感じられて、食べることができなかった。同僚の看護婦の森田さんに、塩で煎った大豆が食べたいと訴え、持ってきてもらった。それをたくさん食べて、水を飲んで回復した。しかし、実際は森田さんも同時期に発疹チフスで寝込んでおり、戦後思い返すと、本当に森田さんが大豆を持ってきたのか曖昧で、もしかしたら夢や幻覚だったかもしれないという。当時病人は、容態が悪化するため、水を飲んではいけないとされていた。しかし、森さんは水を飲んで回復した記憶がある。

森さんが入院していた際、義勇軍の中隊長がお見舞いにきんつばを一〇個持ってきてくれた。また、生徒たちが、どんぶりに大きなおはぎを入れて持ってきてくれたこともあった。そのどんぶりは満洲国の五色の旗で包まれていた。しかし、森さんは、当時はあんこなどの甘い物が苦手で、せっかくのお見舞いの品を食べられず、心苦しく感じたという。容態が回復し退院すると、長春の赤十字病院から一緒に炭鉱にやってきた同僚は、いなくなっていた。同僚は、別の開拓団と行動を共にすると言って、炭鉱を出ていってしまったということだった。

森さんは、炭鉱にいた際、看護婦の資格があったので、一鉱の病院に手伝いに行ったことがある。そこには、ある中隊の幹部の妻が、精神を病んで入院していた。夫である幹部は既に死んでおり、その女性は一人だった。女性は、「早く私を隠して、敵が来る」などと言って、ベッドの下に隠れたり、「〇〇が私を連れて行ってくれたのよ」と叫んで、突然外へ飛び出してしまったりするなどの奇行があった。敗戦後の混乱時の状況と共に、森さんの印象に残っているという。

炭鉱にいた際は、中国人から「日本は餓死しているよ。帰らないほうがいいよ」などと言われたこともある。鉱内には多くの中国人の子どももいたが、不衛生な環境だった。

病気の少年たちとの引揚げ

昭和二一（一九四六）年七月二五日まで、森さんは義勇軍の中隊と共に西安炭鉱で働いた。約一〇ヶ月間であった。炭鉱を出ることになったのは、国民党軍から帰国命令が出たことによる。西安炭鉱にいた義勇軍は、日本へと引揚げることとなった。森田さんは、八月頃、増健隊と一緒に引揚げをし、日本へ帰ることができた。

一方、森さんは引揚げの際、炭鉱で一緒だった中隊と行動を共にした。西安から汽車で奉天（現・瀋陽）まで行き、奉天の工場跡で、皆しばらく待機することになった。ここでは、毛布一枚もなく、寒いコンクリートの上で寝なければならなかった。そのせいもあり、いよいよ引揚船に乗り込むという段になって、三〇名ほどの少年たちが体調を崩し、動けない人が続出した。皆が帰りを急ぐなか、病気の少年たちの面倒を見るために誰かが残らなければならない状況に陥ったのである。中隊の引率者は、中隊長と数名の幹部だった。中隊長は、病気の少年たちと一緒に残り、次の船で引揚げてほしいと森さんに頼んできた。森さんは、看護婦という職務上、残るつもりでいたということを伝え、その上で、他に誰か責任者が残るのかと聞いたところ、誰も残らないと言われ、日本に帰ってきて、港についたら連絡してほしいと頼まれた。

結局、森さんが一人で引率することになった。一人の幹部が、森さんに「すまない」という趣旨のことを言ってきた。その幹部からは、敗戦になって上下関係がなくなったため、中隊長も幹部に命令ができないのだろうという説明を受けた。

引揚げ後、この幹部から森さんのもとに葉書が届いた。葉書には当時のことを詫《わ》びる内容が綴《つづ》られており、「親の虫を生かして、子の虫を殺す状態になってしまった」と書かれていた。

こうして、中隊が先に引揚げてしまい、森さんと病気の少年たちが残された。次の引揚船が来るまで、大連の収容所に移動することにした。具合の悪い生徒を起こすため、森さんは「ほら、早く起ぎてぇ」、「置いていぐよ、ほら、手をつないで」と大きな声で呼びかけた。戦後、そのときに引率した生徒たちと再会した際、森さんの福島弁の掛け声がずっと耳に残って忘れられないと言われた。

大連の収容所に移動する際、歩ける生徒たちは先に行かせて、森さんは具合が悪く歩行困難な生徒と一緒に後から収容先に向かおうとした。しかし、高橋さんという一人の生徒が、「森さん一人だとかわいそうだから、一緒に残る」と言い出した。結局、生徒全員が残り、皆で一緒に大連の収容所に向かった。その高橋さんと、もう一人の生徒の二名は、移動先の収容所で容態を悪化させて亡くなってしまった。

昭和二一年九月末、森さんら一行は葫蘆島《ころとう》からの引揚船にようやく乗れることになった。少年たちは収容所や船のなかで、森さんの食事をもらってきてくれたり、食器を洗ってくれたりといろいろな気遣いをしてくれた。葫蘆島から博多まで四日かかり、博多での一週間の停泊の後、ようやく上陸となった。奉天でコレラが発生していたので、すぐに上陸することができなかったのである。停泊中、日本に着いたということは、米のご飯が出てきたことで分かった。

博多に到着すると、帰国証明書が発行された。引揚船内で体調を崩した生徒二名がそのまま入院したため、森さんは列車に乗る前にその生徒の帰国証明書を病院に届けなければならなかった。急いで渡して駅に戻ったが、既に引率した生徒たちは列車に乗ってしまった後で、きちんと別れを告げることができなかった。また、混乱の中だったので、無事に帰国したことを中隊長に連絡することもできなかった。森さんは、本来であれば、生徒全員を連れて県庁まで行き、帰ってきたことを報告してから解散するべきだったと思い、それができなかったことが、戦後に心残りとなった。

戦後の生活と元義勇軍生徒との交流

昭和二一（一九四六）年一〇月一〇日、森さんは福島の実家にようやくたどりついた。しばらくして、働き口を探しに品川の厚生病院へ行ったが、看護婦の数は足りていると断られてしまった。敗戦から一年が経過していたので、仕事をさがすのも大変だった。そのようななか、同僚であった森田さんから連絡があり、内地特別訓練所で一緒に働かないかと誘われた。内地特別訓練所は森田さんが渡満する前に勤務していた病院で、敗戦後も「常南療養所」と名称を変えただけで、結核患者専用の病院としてそのまま開業していた。その病院には、森さんがかつて働いていた内原訓練所の病院の医師も多く在籍していた。森田さんは、森さんよりも一足早く引揚げてきており、一旦新潟の実家に帰省した後、常南療養所で働いていたのである。森さんは、森田さんと再会し、常南療養所でまた一緒に働くことになった。

森さんは、日常の暮らしに戻ったが、戦争の記憶がふとした拍子に鮮明に浮かびあがることがあった。引揚げてきて一〇年ぐらい経過した頃、病気を患い手術を受けることになった。手術中、急患が運ばれてきたが、意識が朦朧としているなか、その音が満洲での襲撃の音と重なり、襲撃が来たのかと思い驚いたという。満洲での緊張した感覚が残っていたのである。森さんは、真っ暗な病室で引揚げのことを思い出し、一〇年経っても未だに恐怖が残っていることを実感したという。

他にも、ショッピングセンターで買い物をしていた時、偶然きんつばを見かけ、涙がとまらなくなったことがある。先述のように、きんつばは、森さんが炭鉱で発疹チフスに罹った際に上官がお見舞いにもってきてくれたお菓子だった。当時のことを思い出して、嬉しいのやら情けないのやら、よく分からない感情に襲われた。それ以降、ショッピングセンターに行っても、きんつばを売っているお店の前は通らないようにしている。

図⑧　帰国後の森さん（手前）と森田さん（奥）（森田ミチさん提供）

戦後、森さん、森田さんは共に、満洲での看護婦仲間や元義勇軍の生徒たちとの交流を持ち続けた。昭和の終わり頃まで、訓練所にいた元看護婦たちの集まりを森田さんの家で行っていた。

森さんは、昭和一三年に満洲に渡った人たちが結成した「大和会《やまとかい》」や、引揚げで一緒だった元義勇軍の生徒たちが結成した会に参加した。毎年、東京都多摩市にある都立桜ヶ丘公園で満洲開拓団の慰霊祭が行われ、「大和会」のメンバーと共に出席した。桜ヶ丘公園には満洲開拓殉難者之碑が建立されている。慰霊祭は戦後六〇年目で終了した。

森さんが引率した中隊の元義勇軍の生徒たちとは、戦後も頻繁に交流があり、一緒に中国へ行ったり、会の集まりに呼ばれて参加したりした。会のメンバーと中国を訪れた際には、収容所や炭鉱などの義勇軍縁《ゆかり》の地を巡った。亡くなった生徒たちに向かって、元義勇軍の生徒たちと共に「お迎えが遅くなってしまい、ごめんなさい。一緒に帰ろう」と呼びかけ、お酒やお水、線香をあげた。皆、中国で亡くなった少年たちの魂を一緒に連れて帰ってくるような気持ちだったという。また、元義勇軍の生徒たちが、日光に旅行した際、森さんの勤務先の病院までタクシーを飛ばして会いにきてくれた人もいた。現在でも元義勇軍の生徒とは交流があり、森さんのもとにお菓子や米が届く。

森さんと森田さんは、戦後も同僚というだけでなく、家族ぐるみのつき合いが続いている。数年前に森さんが病気を患い入院した際は、森田さんとその娘さんが、身の回りの世話をしてくれた。二人には「頭が上がらない」という。満洲で出会い、苦労を共にした二人は、ときに姉妹のような、ときに「戦友」のような存在として助け合ってきた。

二人が勤めていた常南療養所は、昭和二三年に運輸省に移管され、翌年から東京鉄道局石岡病院となった。森田さんは、その後、いくつかの病院を移りながら、七五歳まで看護婦としての仕事を全うした。森さんも、石岡病院で約二〇年勤務した後、別の病院に移り、最後は総婦長として看護の仕事を勤め上げた。

少女時代、旺盛な好奇心から満洲への憧れを抱き、手に職をつけることを希望した彼女たちは、看護の技術を修得することで、女性としての自活の道を歩んできたといえる。

1――本章では当時の呼称を尊重して「看護婦」を用いる。

2――森オトヨさんの体験談は、平成二三年一二月二日、平成二四年二月二二日、六月八日、平成二五年一〇月二三日の聞き取りによる。森田ミチさんの体験談は、平成二四年六月八日の聞き取りによる。なお、聞き取り調査は山本志乃と筆者の二名で行った。その内容は『まほら』七一・七三号（旅の文化研究所、二〇一二年）に報告されている。

コラム⑤

満洲に先鞭をつけた女たち

山本志乃

明治三〇（一八九七）年八月、満洲最初の鉄道となる東清鉄道の起工式が、ハルピンで行われた。東清鉄道は、日清戦争後に敷設権を獲得したロシアがシベリア鉄道の短絡ルートとして計画した、ウラジオストクから満洲里へと至る横断路線である。

内陸部のハルピンで工事が始まったのには、理由がある。鉄道敷設以前の満洲の交通は、複数ある大河が担っていた。ハルピンは、このうちのひとつ、松花江の河岸に位置する。資材運搬などには河川利用が必要であり、またハルピンから大連へと南下する東清鉄道支線も計画されていたから、ここを起点とするのが妥当であった。

まだ寒村だった当時のハルピンに、日本人が住みついたという記録が『邦人海外発展史』下巻にある。それによると、明治三〇年、宮本千代という女性がロシア人医師プレチコフに連れられ、ウラジオストクからハルピンにやってきた。千代は長崎の出身で、明治二五年頃、一三歳でウラジオストクに渡り、プレチコフに女中として雇われていたという。ハルピン入りは、プレチコフの転任にともなってのことだった。

明治三〇年といえば、ちょうど東清鉄道の工事が始まった時期である。建設ラッシュに沸くハルピンに、千代はさっそく兄一家をはじめとする同郷人六人を、ウラジオストクからよびよせた。明治三二年には、さらに七人が千代を頼ってハルピンに来る。彼らは、五月三日にウラジオストクを出発、陸路に四日、川旅に一五日をかけて、五月二一日にハルピ

現在のハルピン市街（2013年9月、松田睦彦撮影）

ンに到着。洗濯道具と石鹼二箱持参でやってきて、建設中のロシアの病院に洗濯人として雇われた。その後、日本料理店を開業するため、さらに次々と仲間が呼ばれた。この日本料理店がいかなる性格のものであったかは、開店にあたってブラゴエから女たちを集めてきた、とあることから、おのずとうかがい知れる。こうして、明治三三年の春までに、洗濯屋、料理店、時計屋、写真屋、理髪店、大工、鍛冶屋、ペンキ屋など、さまざまな職種が集まったという。

　ここで注目したいのが、宮本千代らの出身地とされる長崎とロシアとの関係である。万延元（一八六〇）年、ロシアは沿海州を自国領とし、ウラジオストクに極東艦隊の拠点を置いた。以来、冬になると凍結してしまうウラジオストクから、艦隊が定期的に長崎に入港するようになる。この関係は、ロシアが大連・旅順の租借に成功して不凍港を得る明治三一年頃まで続く。長崎港の対岸の稲佐《いなさ》には、ロシア士官のための社交場やホテルが立ち並び、「ロシア村」と称されるほどに栄えた。民家を借りて日本人妻と生活する士官も多く、ラシャメン（洋妾）とよばれたこれらの女たちのなかには、士官についてロシアに渡る者もいた。

当時、長崎からウラジオストクまで、船で一昼夜半あれば行くことができた。明治九年にはウラジオストクに日本政府の貿易事務所も置かれ、在留日本人も年々増加した。その大半が九州北部の出身者で、なかでも多かったのが、長崎・島原・天草出身の出稼ぎ娼妓だった。明治二〇年代初め、市内に約一〇軒の娼家があり、一〇〇人ほどの「おろしあ女郎衆」が働いていた。明治の終わりには、それが三〜四倍に膨れ上がったという。

素性は不明だが、宮本千代が、自分の体ひとつを元手に海を渡った女たちのひとりであったことは間違いないだろう。同じく『邦人海外発展史』下巻によれば、明治三六年頃のハルピン在住日本人は約六七〇人。商業一五戸、洗濯屋一五戸、貸座敷（女郎屋）一一戸、木工九戸、理髪八戸、時計及び金細工七戸、医師六戸、その他ラムネ及び菓子製造、料理店、旅館、写真屋、ペンキ及び硝子職、仕立業、鉄工、靴工などとなっていて、人数でいえば、最も多いのが貸座敷二一九人であった。これに続くのが、木工九三人、商業六七人、洗濯屋六四人であるから、娼妓たちの数がいかに他を圧していたかがうかがい知れる。

こうした状況は、ハルピンに限ったことではなく、ロシアの満洲への勢力拡大と足並みをそろえるように、日本人経営による貸座敷が各所に広がった。旅順や大連にもあり、中には日露の共同経営によるものもあったという。

国境をものともせず、鉄道敷設以前の混沌とした大陸に先鞭をつけたのは、こうした女たちだった。日露戦争の勃発により、これら満洲在住の日本人の多くは引揚げていき、日露戦争後、ロシア勢力の後退とともに、再び新たな日本人の流入が始まることになるのである。

第六章

終戦、そして引揚げ

山本志乃

広大な満洲に点在していた開拓団や訓練所にいた人たちの多くは、戦況の悪化そして敗戦の事実さえも知らされず、現地に取り残された。彼らを統括する立場にあった人たちは、終戦による組織の崩壊や命令系統の消滅によって力を失い、集団によって守られてきた命が、たちまち個々人の手に委ねられた。

往路では、完成された交通網によって滞りなく義勇軍の輸送が行われたが、その交通網が、日本の敗戦とともに機能を失った。また、日本の支配下にあったために意識されることのなかった国境が、やはり終戦とともに、にわかに障壁となって立ち現れた。生命の危機にさらされた彼らが選択した生き残るための方法は、新たな仲間作りと、北辺の地からひたすら南下することであった。

輸送手段も情報源も失われた極限状態の中で、いったい彼らはどのようにして日本への帰国の道をたどったのか。本章では、そもそも想定されていなかった帰国の旅を余儀なくされることになった義勇軍の少年たちの長い道のりを、聞き取りや手記などの体験者の語りから復元し、「生きる」ことを最大の目的とした旅の過程を追う。

敗戦を知る

昭和二〇（一九四五）年八月七日。北満の東、佳木斯《ジャムス》に近い三江《さんこう》訓練所にいた湯澤政一《まさいち》さん（昭和五年生まれ）は、同じ訓練所にいた両角《もろずみ》中隊の仲間約二八〇人とともに、突如、召集令状を受けた[*1]。ソ連侵攻のわずか二日前。もちろん、湯澤さんたちはそれを知る由もない。

召集令状を発したのは、三江省佳木斯兵事部である。「ただちに牡丹江《ぼたんこう》兵事部に集合」との命を受け、武装して最寄りの福隆《ふくりゅう》駅に行き、いざ出発というときになって、佳木斯も牡丹江も爆撃を受けて混乱しているとの報が入った。全員引き返すよう指示が出て、再び訓練所に戻る。

そういえば、少し前に訓練所めざして避難してきた人たちがいた。夜中に歩哨《ほしょう》からの連絡で起こされ、見れば大勢の人が首からカンテラをぶら下げたり、馬に乗って子どもを抱えていたり、背中に猟銃を背負ったりしながら列をなして来る。歩哨は、匪賊《ひぞく》か馬賊《ばぞく》かと驚いて非常呼集をかけたのだが、これは九州あたりの開拓団の人たちだった。そんなに大勢の人を収容する場所もなく、泊めることはできなかったが、このときすでに緊急事態は間近に迫っていたのだ。

八月一〇日、軍部から今度は、訓練所の全員で福隆の隣の香蘭《こうらん》駅近くにある千代村開拓団に行き、ここの人たちを護衛して、松花江沿いにハルピンまで移動せよ、との命令が出る。千代村開拓団とは、湯澤さんたちと同郷の長野県下伊那郡千代村の分村で、近くには長野県農業会の報国農場もあり、多くが女の人たちだった。この千代村開拓団と、周辺の開拓団あわせて二五〇〇人。ハルピンまでは徒歩で約一ヶ月を要する。無謀な命令である。

湯澤さんたちは二班に別れ、八月一一日に第一班が、翌一二日に第二班が出発した。このとき、思いがけない救いの手が差し伸べられた。軍用列車の指揮に携わっていた新潟県出身の柿村貫一という憲兵の尽力で、ハルピンまでの列車を用立ててもらえることになった。福隆駅から乗車して、香蘭で下車し、八月一四日午後三時、開拓団の人たちを連れ、付近の軍倉庫からさまざまな物資も積み込んで、ハルピンに向けて出発した。当初、開拓団の人たちは退去を拒んだ。現地召集となった男の人たちが、帰ってくる場所がないというのである。それをなんとか説得し、家屋を焼くなどして緊急事態であることを理解してもらい、半ば強制的に避難させた。

乗車した車両は、無蓋車《むがい》である。麻袋に入った食料をまわりに積み、その中に、転げ落ちないよう立錐の余地もなく人を入れた。香蘭駅を出発するとき、駅の柵に手綱《たづな》で結わえられていた開拓団の馬たちが、現地の人たちに連れて行かれるのが見えた。馬は、開拓団の人たちの置き土産であった。それを見た湯澤さんは、「ああやって残してやれば、現地の人たちも喜んだろうになあ」と思ったという。湯澤さんは、後発の第二班の一員として訓練所を出るとき、中隊長と幹部の指示で、施設を爆破し、馬をすべて銃殺してきた。軍からの命令なので、仕方なかった。開拓団も、住居は焼き払ってきたが、共に働いた馬は現地の人に託した。団長の判断で、現地の人に物を与え、駅までの護衛も頼んだという。この開拓団の人たちは、一人も欠けることなくハルピンの収容所までたどりついた。多くの開拓団が悲惨な逃避行を強いられる中で、例外ともいえる無事であった。

開拓団を護衛して南下せよとの命をもらった時点で、敗戦の予感はあった。しかし、何ら情報がもたらされることはなかった。南叉のあたりで匪賊の襲撃に遭遇しながらも、綏化《すいか》の駅に着いたのが、八月一七日。ここで、通常は掲げられているはずの日章旗と満洲国旗のかわりに、中国国旗がはためいているのを見る。そのときおぼろげに「日本は負けたのだな」と思った。けれども、とっさに日本に帰るという発想にまでは至らなかった。

八月一八日にハルピンに着き、収容所となっていた哈爾濱《ハルピン》義勇隊訓練所に入った。千代村開拓団とともに香蘭駅を出てからわずか四日。異例の早さで無事避難できたのは、ひとえに軍用列車を用立ててくれた憲兵のおかげであった。

ここの敷地は広く、病院や学校もあるほど充実した設備を誇る訓練所だった。食料や衣類の備蓄も豊富で、それを狙った匪賊が襲撃に来た。ロシア鎌という、一メートルはあろうかという刃の草刈鎌や槍を手に、五〇～六〇人もの集団で現れる。収容所はすでにロシア軍の管理に置かれていて、ロシア兵の歩哨が見張りをしているが、匪賊が来ても見て見ぬふりをしている。湯澤さんたちは、ここで年を越さなければならないという思いから、糧秣《りようまつ》倉庫を守ろうと、木刀でこれに応じていたが、あるとき、別の中隊に属していた隊員のひとりが匪賊の鎌で切られて死んでしまった。怒った同僚が隠し持っていた銃を持ち出し、反撃した。これをロシア兵の歩哨に見つかり、この人はその場で即、銃殺。義勇軍関係者全員が集められ、武装解除となった。

捕虜扱いとなった湯澤さんたちは、牡丹江の捕虜収容所に送られることになった。どこからともなく、牡丹江はウラジオストクに近いから、真っ先に日本に帰れるだろうと噂が立って、みな勇んで出発した。八月三〇日にハルピンを出発し、九月六日、新香坊から無蓋貨車に乗る。九日に横道《おうどう》河子《かし》で下車。そこから牡丹江までは徒歩である。途中、横道河子で、大勢の日本兵の死体を見た。

真新しい一装用《いっそうよう》に身を包み、各々が家族の写真を頭のところに並べて、川のそばに並んでいる。集団自決の跡であった。湯澤さんたちも、日本を出発するときに新品の一装用を持たされ、行軍の際はいつもそれがリュックに入っていた。この衣類の使い道を、このとき初めて知った。

道中、藁で編んだカマスに入った味噌をみつけた。飯盒《はんごう》ですくって、それを嘗めながら歩いた。田んぼの脇を通るときには、ちょうど実っていた稲の穂をしごいて水筒に入れ、棒で突いて脱穀し、歩きながら携帯燃料であぶって、粥状になったものを食べた。牡丹江までは、連日野宿である。外套を着たまま寝て、夜中の雨で重くなった外套を、日に当てて乾かしながら歩く。野営から覚めた早朝、トウモロコシと馬鈴薯の畑をみつけ、走っていって生のままかじりついたこともあった。

九月二三日、牡丹江の捕虜収容所に到着。馬の餌にする麦のパンなど、最低限の食料は与えられたが、それではとうてい足りず、糧秣倉庫へ盗みに行った。行くたびにソ連兵の歩哨に威嚇狙撃されるが、何度も行った。そうやって盗ってくると、「食べ物、来たぞ」と仲間を呼んで、戦利品を自慢するようにしてみんなで分けあった。

捕虜収容所に入る前、引率の幹部から、帽子につけてあった義勇軍の徽章を外し、ひさしやあご紐もとりなさい、といわれた。誰の目からも子どもに見えるよう、第一ボタンを外して開襟にすることまで指示され、持っていた写真など、義勇軍に関連するものはすべて燃した。軍人ではないことを強調するためだった。そうした甲斐もあってか、これといった使役を課されることもなく、二週間で捕虜は解除となった。一〇月八日、牡丹江から両角中隊全員が列車に乗り、再びハルピンに戻ったのが一〇月一〇日。ただし、その後収容所に移ると、中隊長と小隊長の姿が消えていた。シベリアに送られたとのことだった。

内地では、終戦の報とともに新たな時代の歩みが始まっていたが、大陸ではその終戦すら十分に認識されないまま、突然異国となった原野に多くの人が取り残された。湯澤さんたちも、三江訓練所を出てから二ヶ月を経ながら、ようやく行き着いたのはハルピン。そもそも永住覚悟で渡満した彼らには、日本は帰るべき場所としての意識から、すでに遠い存在だったのかもしれない。明確な目的地があるわけではない。ただ生き延びることを目的とした長い旅が、ここから始まる。

さまざまな逃避行

満洲で終戦を迎えた湯澤政一さんの語りから気づくのは、一五歳の少年ながらも、極限状態に置かれたときの野生ともいえる生きる術が、根底に培われていたことである。湯澤さん自身の資質に負うところは大きいだろうが、概して自然環境の中から自力で食料を得るという能力に乏しい現代人の我々が同じ状況下に置かれたとしたら、こうした逃避行には堪えられないのではなかろうか。

義勇軍の往路は、内原を出てから満洲の訓練所に入るまで、最新の交通網と輸送技術に支えられ、ほぼ定型化していた。少年たちは、お膳立てされたその行程に沿って、流れ作業のように運ばれていった。ところが、復路はこれとは対照的に、十人十色といってよいほどさまざまである。往路では保証されていた旅に必要な食料と宿を、復路では自ら手に入れなければならない。そこに、旅のシステムが整う以前、人間の基本的な行動様式としての旅本来のありようが浮かび上がってくる。
タビの語源を「タベ（給え）」であるとし、ください、ください、と食べ物を乞いながら移動することを旅の原義であると説いたのは、柳田國男である。近代的な交通網が発達した昭和という時代にあって、義勇軍の少年たちは、一転して原初的な旅の世界へと引き戻された。旅することは、すなわち生きること。以下、少年たちの命がけの旅の軌跡を、彼らの語りからたどる。

炭鉱での越冬

瀬戸内海の神島《こうのしま》（岡山県笠岡市）に生まれた小見山輝さん（昭和五年生まれ）は、昭和二〇（一九四五）年五月、岡山県の大久保中隊の一員として、満洲の鉄驪《てつれい》訓練所に入った。終戦のわずか三ヶ月前。義勇軍の渡満としては最終に近い。*3

訓練所では、まずは大隊厩舎に配属され、農耕馬の世話と草刈りばかりやらされた。作業の合間には、得意の魚釣りの腕を生かし、沼で雷魚を釣ったりしていた。

「八月一五日は、まだ呑気なもんで、僕らぼんやりしてたんですよ。電話線も、もう切られてしまってましたから。そしたら八月二〇日頃になって、現地召集でハルピンに行っていた幹部のひとりが、僕らの隊に歩いて帰って来た。それで、戦争負けたよ、言うてね。へえ、えらいこっちゃな、これは、と言いよったら、ソ連軍が入って来た」

鉄驪訓練所の面々もまた、敗戦の報を直接受けることのないまま、にわかに異国に取り残されたことになる。訓練所はそれからたびたび現地人の襲撃を受けるようになり、命を落とした仲間もいた。小見山さんも、あわや銃撃かという事態に遭遇し、恐怖で腰が抜けたようになって川の土橋の下に隠れ、難を逃れた。

八月の終わり頃、中隊長以下全員が、ソ連軍によって武装解除された。武装解除になっても、少年だからということで、捕虜にはならなかった。一二～三頭いた馬を鉄山包のソ連軍本部まで連れていくよう命令され、城内まで行って帰ってくると、ソ連軍が根こそぎ略奪していったという。困ったのは、防寒具をとられたことだった。ここで冬を越すには、防寒具がなければとうてい耐えられない。仲間の一人が、一着こっそり隠しておいてくれた。ありがたかった。その仲間とは、七〇年を経た今でも親しくしている。

馬もいなくなり、厩舎の仕事もなくなって、九月から炊事班長を命じられた。中隊約二〇〇人分の食事を作る炊事係が六人ほどいて、そのリーダー、つまりは料理長である。食材を探してくるのが得意だったこともあるのだろう。魚釣りはもちろん、野生化したブタを捕まえて、解体したり、干し肉を作ったりもしていた。

九月二五日、引揚げ命令が出された。鉄驪訓練所にいた全員、一〇〇〇人を越える人たちが、順次鉄山包の駅から列車に乗った。列車を動かすのは日本人、監視はソ連兵だった。

ハルピンの手前、三果樹で一旦降ろされて、野営をした。そこへ、ソ連兵が略奪の餌食はないかと物色に来る。同行者の中に、鉄驪訓練所の病院で働いていた看護婦さんが含まれていた。彼女たちは、男装して髪を短く刈り、戦闘帽子をかぶって少年たちに紛れていた。小見山さんたちは、看護婦さんたちを取り囲んで守るようにしながら、恐怖の時間をやりすごした。一夜明け、無蓋貨車でハルピンまで行った。訓練所を出るとき持参した味噌の固まりとニンニクとが乏しくなってきた。そこから先も、汽車で少し進んだと思えば止まって降りろと言われたり、一駅歩かされたり、そうやって九月二七日に新京（長春）までたどり着いた。

仲間が一人、体調を崩した。新京の駅前から肩を貸し、歩いていたが、だんだんと重くなり、とうとう路上で動かなくなった。遺体を背負って新京神社まで行き、そこにあった防空壕の中に毛布でくるんで置いた。

新京では、南大房身にあった旧日本軍の飛行隊宿舎に入った。だが、すでに一〇月を迎え、目前に迫った冬を越すには燃料がない。中隊長が方々へ手を尽くし、四平街から東に少し入ったところにある西安の炭鉱へ身を寄せることになった。もとは日本人の経営だったものが中国人の手に渡ったのだが、うまく稼働させられない。人手が必要だということで、中隊全員がそこで働きながら、冬を越すことになった。

一〇月一九日、新京に残る約五〇名以外の本隊約一五〇名が、西安炭鉱に出発した。炭鉱では、坑道に入ったり、保安係や石炭の巻上げ機の運転などもやった。働けば給料も出る。それを中隊長が集め、食料や衣類を買った。ひとりずつに現金が分配されることもあった。炭鉱なので、暖房の整った宿舎もあったが、発疹チフスや栄養失調などで、十数名がここで命を落とした。無事に越冬できた人たちも、支給される食料だけでは足りず、みな栄養状態は悪い。小見山さんは、キジをつかまえて料理して食べたこともある。ナイフひとつあれば調理できるので、捕まえたキジをさばき、焼くと匂いがしてたくさん人が来てしまうことから、土の中に埋めてその上で焚火をし、蒸し焼きにして仲間数人と食べた。

昭和二一年の初夏、中国の内戦が再び始まった。蔣介石率いる国民党と八路軍（紅軍）との闘争が激化しはじめ、アメリカ軍と国民党との協力関係から、在満日本人に対して本格的な引揚げの措置が講じられることになった（後述）。営口の南西、葫蘆島《ころとう》という港から引揚船が出るというので、七月二五日、およそ一〇ヶ月を過ごした炭鉱をあとにした。炭鉱には引き込み線があり、すぐ近くまで汽車を入れることができた。季節は真夏で、無蓋貨車の四方に木の柱を立ててアンペラを葺き、屋根をつけて日よけにした。その汽車も、必ずしも順調に進むわけではなかった。奉天まで行ったところで降ろされ、ガラス工場に収容されて、引揚船の知らせを待つことになった。

炭鉱と違って食料を得る手段がなく、やむを得ず、隙を見ては中国人のところから食べ物を盗んできた。子どもだというので憐れむ気持ちもあったのだろう。天秤棒を担いだ中国人が、目の前でわざと転び、ウリなどを落としていく。日本人には食べ物を与えないよう言われているので、そうやって落としたふりをして置いていくのである。この、炭鉱を出てから引揚船を待つまでの一ヶ月ほどが、もっとも苦しい時期だった。栄養失調と病気のため、命を落とした仲間も多くいた。

結成時、幹部五名、訓練生二一六名だった大久保中隊のうち、最終的な帰還者は、幹部五名、訓練生一六八名。内原の段階で残留もしくは離隊したものが一五名、残り三三名の訓練生が、現地死亡と未帰還者であった（興安会編『満蒙開拓青少年義勇軍　大久保中隊』）。

中国人に雇われて

終戦の直前に三江訓練所を出てから二ヶ月、牡丹江での捕虜を経てハルピンまで避難してきた湯澤政一さんたちは、在満日本人の学校だった桃山小学校跡に収容された。一〇月半ば、もう薄氷が張るような季節である。

捕虜とは違って、食べ物が与えられるわけではなく、自分たちで食料を得るには働くしかない。幸い、ハルピンにはソ連軍関係の仕事がけっこうあった。日本の物資をソ連に送るため貨車に積み込む作業は一日八〇円、駅前にソ連の進駐記念塔を建てる土方仕事は一〇〇円。体が小さい湯澤さんは、こうした力仕事には向かないというので、小麦粉を入れる南京袋《なんきんぶくろ》（麻袋）の修理に回された。一日三〇円と、他の仕事の半分にも満たない給料だが、こうした使役の斡旋は、中隊の本部をとおしてなされるので、それに従うよりほかない。給料も、三分の二を本部に納め、三分の一を個人でもらえるしくみになっていた。本部では、そうやって集めた給料で食料や必要物資を購入し、分配するのである。

南京袋の修理は、大きな倉庫に入って一枚ずつ手に取りながら作業する。軽作業だが、機転の利く湯澤さんは、毎回の作業の帰りにこれをいくつかお腹に巻いて、宿所に戻ってきた。

「南京袋のね、底の部分に穴を開けて、首を出して、そうやって寝るんですよ。私だけの南京袋じゃないでね。私は稼ぎの余分の者ですから、それを毎日運んだんです」

宿所だった元学校は、ガラス窓がすべて割られ、吹きさらしの上に、むき出しのコンクリートである。石炭も薪も、毛布もなく、とても寒い。稼ぎの少ないかわりに、せめて仲間の防寒になればと、毎日こっそり南京袋を運んだという。行きと帰りで姿が違うので、歩哨もわかっているのだが、通っているうちになじみになり、にこにこ笑って送り出してくれる。そうした使役もじき終わってしまい、それぞれが町で食堂などを訪ねて仕事を探した。

一二月に入り、寒さが一段と厳しくなってきた。湯澤さんは友人と二人、日が昇ると近くの公園に行き、一日中石段で日向ぼっこをしてから帰ることにしていた。夜になれば冷えきったコンクリートの上で寝なければならず、少しでも体を温めるためにおのずと浮かんだ知恵だった。一二月下旬のある日、いつものとおり公園で日向ぼっこをしていると、上品な中国人が通りかかり、病気があるかと聞く。簡単な中国語ならわかるようになっていたので、「メイヨ（ない）」と答えると、中国料理の店に連れて行かれ、好きなだけ食べてよいという。温かいものを存分に食べ、さらに仕事を与えてもらった。その人は紙問屋の主人で、二人を住み込みで雇ってくれるという。

三階建て、レンガ造りの立派なビルで、大きな原紙を二つに折り、袋に入れて出荷するほか、紙の裁断や、簡単な印刷なども請け負っていた。湯澤さんたちは、紙の分類、切断した紙くずの整理といった簡単な仕事のほか、糊を使うのに必要な水をバケツで汲んで三階まで運んだり、作業員のための石炭や薪を用意したりといった作業に従事した。厨房があり、住み込みのおじいさんがそこにいた。その部屋が大きかったので、湯澤さんたちはおじいさんと一緒にそこで寝泊りした。外が零下四〇度というときに、一日中暖かい室内にいられ、食べ物も与えられ、それだけでもありがたかったが、小正月に一度収容所に行ってくるようにと、一〇円紙幣を一〇枚ずつ、一〇〇円の小遣いを持たせてくれた。

収容所に行くと、故郷からいっしょに義勇軍入りした竹馬の友が、病気で亡くなっていた。廊下に出され、凍ったままの友達の遺体に面会したが、ショックは大きかった。もらった一〇〇円の小遣いを本部に全部置いて、紙問屋に帰った。

仕事に戻ると、今度は友人の具合が悪くなり、寝込んでしまった。発疹チフスだった。収容所に連れて行こうとしたところ、中国人から、「動かしてはいけない。今、収容所に行っても医者もおらず、薬もないからだめだ」といわれた。熱に浮かされた友人が、真夜中に荷物を持って「家に帰る」と外に飛び出る。それを、厨房のおじいさんと一緒に押さえつけて、部屋に連れ帰った。おじいさんが、友人を裸にして、大きな皿に中国の酒をなみなみと注ぎ、火をつけた。紫の炎が立ちのぼり、六〇度以上になった酒を、体中にすりこんでやれ、という。言われたとおり、全身にすり込んでいると、友人の体からは火が出る。こちらの手も火ぶくれてしまったが、そのおかげで幾日もしないうちに治ってしまった。

夏になって、日本人の引揚げが始まるという噂を主人から聞かされた。収容所で確かめると本当で、戻ってくるよう指示があった。そこで主人に話をしたところ、なんとそれまでの給料だといって二〇〇〇円、さらに賞与として一〇〇〇円、合計三〇〇〇円をくれた。暖かい室内で寝泊りさせてもらい、食事つきというだけでも十分だというのに、破格の待遇であった。主人夫婦には子どもがなく、主人の親にあたる人からは、子どもとして残ってほしい、とまで言われた。友人と二人なら、と思ったが、ひとりでよいといわれ、日本に帰ることにした。

三〇〇〇円もらったことを、日本人の親方には黙っているよう言われたが、そうもいかず、一〇〇〇円を本部に納め、二〇〇〇円を手元に残した。友人の発疹チフスといい、給料までもらって無事冬を越させてもらったことといい、中国人のおかげで命拾いができた。今でも湯澤さんは、当時の話を乞われると、このことを必ず話すようにしているのだという。

シベリアでの使役

渡満して義勇隊の現地訓練所に入った少年たちは、三年間の訓練を経て、義勇隊開拓団として新たな集団を作ることが想定されていた。終戦に近い時期に義勇軍入りした人は、訓練所で終戦を迎え、内地からの中隊組織をそのまま維持する形で引揚げまでの行動を共にする。だが、すでに開拓団へと移行していた人たちは、場合によっては現地召集を受けるなど、帰属が必ずしも明確ではない状態で終戦を迎えなければならなかった。

湯澤さんと同じ三江訓練所にいた長野県（諏訪郡市・上伊那郡・下伊那郡）出身の人たちが、戦後、

「北満乃想出記」という体験集をまとめている。発行は昭和二四年。義勇軍体験者の手記としては、かなり早い時期での発行である。ガリ版刷りの未公刊資料だが、湯澤さんのご厚意で、これを見せていただいた。冒頭に、「昭和十九年度義勇軍死亡訓練生名簿」とあり、七七人の名前が書かれている。亡くなったのは、いずれも終戦後、とりわけ昭和二一（一九四六）年一月から二月にかけてが圧倒的に多い。病名は、発疹チフス、栄養失調症、大腸炎、赤痢、脚気など。引揚げの途次、極寒の大陸で食べることもままならないまま、罹患して亡くなったことがうかがえる。体験集は、この人たちの追悼を目的に編まれた。生々しい記憶も冷めやらない時期に、せめてもの供養にと作られた貴重な証言集である。

ここに寄せられた手記の多くは、湯澤さんと同期の両角中隊所属の人たちによるものだが、それ以前に渡満した同郷の人による回想が、わずかであるが含まれている。以下、上伊那郡出身のある男性による手記から、すでに義勇隊訓練所を出て開拓団入りしていた人たちが帰国までにたどった道のりを紹介したい。この人は城取文雄さんといい、湯澤さんの二学年上で、原中隊の所属である。

城取さんが義勇軍入りしたのは、昭和一七年三月。河和田分所で訓練を受け、五月一〇日に出発。郷土訪問を経て、敦賀から大陸に渡った。五月二一日、北安省（後に黒河省）嫩江《のんこう》県の伊拉哈《いらは》訓練所に入る。訓練所で迎えてくれたのは、第一次義勇隊開拓団の面々だった。

二年半の現地訓練が終わり、昭和一九年一一月一六日、義勇隊開拓団創設のための先遣隊として、東安省密山県揚木崗村新立屯地区へ出発。いよいよ念願の終の棲家を得るときが来たとばかりに、草原の中に家屋を建て、開拓団の本隊を迎える準備に奔走した。年が明けた昭和二〇年二月、本隊が合流して大所帯となる。入植地は未開墾の湿地帯で、苦労しながらも水田や畑を作った。

馬鈴薯の植え付けが終わった五月一九日、軍への入隊命令が下った。同二一日、吉林にあった部隊の無線通信隊に入隊する。まだ初年兵教育の途中だった八月一一日、ソ連参戦により敦化へ出陣の準備に入る。

八月一五日、関東軍司令官から、無線で停戦の報が入って騒然となる。ソ連参戦の報を聞いてから、ソ連軍の飛行機を見たこともなく、銃声すら耳にしたこともなかったので、にわかには信じがたかった。が、翌日には敦化の町はソ連軍に占領され、八月一八日、吉林の部隊に帰ったところで武装解除となる。二〇日にソ連側に身柄を引き渡され、再び敦化に向かった。恐怖のうちに露営生活に入り、ここで二〇日間ほどを過ごす。

九月一八日、内地に送還されると偽られ、貨車に乗せられた。窓もなく、外も見えないまま二〇日間ほどを貨車に揺られ、着いたのは、バイカル湖のはるか西、アルタイ山脈の麓で外蒙古にも近い、アルタイスカヤ地区のビースクというところにある捕虜収容所だった。

シベリアの奥地まで送られてきたことで、絶望的な気持ちになり、いっそのこと自決したい思いに駆られた。すでに一〇月に入って寒気も厳しく、収容所の板の間で一夜を明かすと、翌日からさっそく強制労働に駆り出された。ソ連兵の監視のもとで、工場での使役や道路工事に従事するが、日ごとに強まる寒気と栄養失調とで、仲間が次々と倒れていく。年の瀬も新年もわからぬまま連日働き続け、年が明けた昭和二一年二月一日、城取さんもついに倒れてビースクの病院に収容された。同時期に入院した二〇人のうち、一六人が帰らぬ人となったが、城取さんは奇跡的に回復し、入院から一二五日経った六月六日、第一回病人部隊内地送還の命を受けた。

翌六月七日、シベリア鉄道で一路東へ。六月二二日の午後、ウラジオストクに近いポシェット港の収容所病院に入る。帰国の喜びに胸を躍らせながら一〇日間ほど船を待ち、いよいよ乗船命令が出て、同行の二〇〇人が一団となって港に向かう。そこに横付けされていたのは、ソ連船。一同の間に、再び不安が広がった。またどこかへ連れていかれるのではないか。

夜一〇時頃に乗船し、明くる朝、着いた港に見覚えがある。忘れもしない四年前、義勇軍の一員として渡満したときに降り立った、朝鮮の清津港だった。シベリアから逃れてきたものの、今度はどこへ連れていかれるのだろう。

北へ向かう無蓋貨車に乗せられた。輸送指揮官によると、古茂山にある収容所で体力を元に戻してから帰国するのだという。七月五日、一万人が収容可能という兵舎に入り、一〇日後、鮮満国境にある山へ、旧日本軍が残した弾薬をソ連に運ぶための使役に出た。それから燃料用の薪の伐採など、さまざまな使役が課されたが、シベリアと違って待遇はよく、体力も順調に回復した。

一二月一六日、ようやく待ちに待った内地送還の日が来た。興南港から、同じく引揚げの三〇〇〇人とともに乗船。今度はまぎれもなく日本船である。一二月一九日に佐世保港に投錨。丸一日を船上で過ごし、二一日、上陸した。

シベリアに抑留された人たちの中には、帰国までさらに何年も要した人や、不遇のうちに現地で亡くなった人も数多い。そうした人たちと比べれば、城取さんは比較的運よく帰還がかなったひとりであろう。だが、永住の地を夢見て応募した義勇軍の末路が、こうした道をたどるとは、想像もしていなかったに違いない。

城取さんは、手記の最後にこう書いている。

内原時代満洲在訓時代そして終戦后のあの幾多の苦斗想出の数々は枚挙にいとまがありません。同志の皆さんよ！　私達は過去何ヶ年唯無駄な才日を彼の地、異国の地において過ごしたのみであらうか。だが内地においては味う事の出来ない戦前戦后を通じてのあの尊き体験は必ずやこれからの私達の前途に大ひに役立ち生きて行くことでありませう。歴史を否定する所からは何物をも生まれないと同様に過去を否定して我々の現在は無い。

どれほどの苦難があったにせよ、満洲、そしてシベリアにまで足を延ばした体験を、何にも代えがたい特別な異国体験として自身の糧にしようとする。そうした気概を持った人がいたからこそ、戦後日本の復興にもつながったのではないか。終戦から七〇年を経て、時代の転換期にある今だからこそ、残された言葉が一層心に響く。

八路軍の一員として

「昭和一七年の二月に内原入って、四月のしまいくらいやったろうと思う。大石頭《だいせきとう》行ったのが。後楽園で親父やお母さんや兄弟と面会があったんすら。郷土中隊だ、っちゅうことでな、岡山で（列車から）降りた。百姓じゃけ、（家族は）握り飯やらぼたもちやらこしらえて（見送りに来た）。みんな腹減っとるけえ、食えるわな」

岡山県川上郡日里村《ひさとむら》（現・井原市美星町）出身の加賀昭次《てるじ》さん（昭和二年生まれ）は、昭和一七（一九四二）年四月、同郷の西中隊の一員として満洲に渡った。送られた現地訓練所は、朝鮮との国境、長白山脈にも近い大石頭訓練所である。*4

訓練所には三年ほどいた。昭和二〇年の春、敦化の近くにあった昭光《しょうこう》義勇隊開拓団から、出征した人の補充入植ということで声がかかり、行くことになった。ここは第一次義勇隊開拓団のひとつで、全国編成であったが、たまたまそこに同郷の先輩がいた。同じ岡山県出身者がいるということで、西中隊に動員がかかったようだった。

加賀さんは、この開拓団で終戦を迎えた。水田班に配属されていて、田の仕事に出ていると、近くに舗装されていない軍用道路があり、そこにドイツのマークがついたトラックがどんどん入ってくる。「どうしたんじゃろか」といぶかしんでいたところへ、日本が戦争に負けたということを教えに来てくれた人があった。終戦から一〇日くらい経った頃だった。

「戦争負けて、現地で聞いて、どかんしようか思いよって、敦化のへんにいっぺん出て帰ったんすら。いっぺん外へ出て、ええことがないけ、また帰ってきたんです。みんなと一緒に。それから、ぼろぼろ別れだした。三人、五人、また二〇人固まったりしてな。わしもそんとき、別れて出たんですら」

加賀さんの場合、義勇軍の仲間とともに開拓団の一員となったが、中隊長はすでに帰国しており、中隊という組織は存在しない。開拓団への入植も、出征によって欠員となった人材を補充するためのもので、行った先の開拓団員たちとの仲間意識も薄い。帰属先がはっきりしないという、極めて不安定な状態のまま、終戦を迎えたことになる。それがため、このまま開拓団にいたところで、これから冬を迎えるにあたって、何ら命の保証があるわけではない。いったんは行動を共にしたものの、友達五～六人と相談しながら開拓団を出て、生き延びるための旅を始める。

「苦力（クーリー）をしよったんですわ。（中国人のところで）働けば、飯は食わせてくれる。朝一番に目が覚めたら、二〇〇メートルくらいのところに川が流れよる。そこへコエタゴでもって水入れて、二へんくらい通やあ、こんだ朝飯食わしてくれる。そんで、ご飯食べたら大豆の草取りしたり、秋だったら刈り取りしたり。言葉は中国語。そんときは、どがんか話しよった。いきなり中国人の中に放り出されて、一ヶ月もすると、けっこう用事ができる。買い物くらいの日常の用は、なんとか足りる。身振り手振りでもって」

食べていくためにまず選んだのは、現地の農家での下働きだった。もともと農村の出身で、訓練所でも開拓団でも農作業に従事していたから、農家の仕事には慣れている。言葉も、中国人に囲まれてしまえばそれに慣れるしかなく、身振り手振りを交えてそこそこの意思の疎通はできるようになった。

そうやって冬を越し、昭和二一年を迎えた。いつまでもこうしているわけにもいかず、やがて仲間うちで情報交換をしながら、別な方法を探すようになる。

「三人、五人と連絡は取りあいよった。蔣介石の軍隊がおって、それへ入ったんずら」

春になると、国民党と八路軍との内戦が再燃した。加賀さんたちは旧関東軍の兵隊が残していった着古した軍服をみつけ、これを着て、まずは国民党に参加した。初めのうちは勢いが良かったのだが、次第に八路軍に押されるようになってきた。

「川（松花江）渡ったんじゃ。後ろから八路軍が来て、機関銃でバリバリ撃つんすら。水ん中、来よるんで。そんときは、（氏神の）八幡様思い出して、助けてつかあせえ、ゆうて。天皇陛下じゃなんじゃ、思わなんだ。（仲間は）三人ぐらいおったけど、いつ逃げたかわからんようになってしもうた。わしゃ、最後までおったんや」

国民党でひとりになった加賀さんは、別の友達五〜六人と連絡をかわした。どうやら、優勢になってきた八路軍は、日本に帰れるようにしてやる、というようなことをその友達に言って誘っているようだ。そこで、今度は八路軍の一員になった。ご飯を食べさせてもらいながら、線路沿いに南下する一隊についていった。三日ほどして、この年最初の霜が降りた。九月一〇日過ぎた頃だった。

ちょうど戦闘の無風地帯のようになっていたところを、八路軍とともに南下を続けた。そのうちに、葫蘆島から日本人のための引揚船が出ることを知った。満洲での最後の仕事は、この船に乗る直前、飛行場整備の土方仕事だった。

「六〇人くらいで、ローラーを触りました。どこの飛行場か知らんけど。ドラム缶があろう、あれをちょっと持ち上げて、火を焚いて、（アスファルトを）ドロドロにさせるわけじゃ。それをジョウロに汲んで、熱いやつを流す。そのあと、ローラーで蟻ん子のようにたかって、ずーっと押して歩くんです。腹が減っとるのに、みんな本気でやりました。それが済んだら、船に乗して帰してくれた。そういうこと、ありました」

葫蘆島から引揚船に乗ったのは、昭和二一年一〇月だった。加賀さんは、終戦後の満洲で、義勇軍や開拓団といった既存の集団に帰属することなく、その時々で仲間をみつけ、食べるため、生きるための活路を探しながら、ついに日本に帰りついた。

終戦直後、開拓団と行動を共にしていた一時期には、列車の中で、ソ連兵による略奪や乱行も目の当たりにした。引揚げの途次、吉林の女学校跡の収容所で、体力のないものから次々と病を得て息をひきとっていくさまにも直面した。行く先々で生きる術を探しながら、極限状態での苦しい旅だったが、それはまた、かけがえのない人生の記憶でもある。

「つらかったけど、一代でもすりゃあ（時がたってみれば）、ええ旅行さしてもろうた」

そもそもの発端は、女子挺身隊で渡満経験があった姉が「広いところで、ええとこじゃった」と言ったのに刺激を受け、半ば好奇心で志願した義勇軍だった。根底にあったその好奇心が、困難な帰路においては、常に臨機応変に行くべき道をみつける力に変わったのかもしれない。

葫蘆島から帰国の途へ

戦後、満洲からの帰還を果たした開拓団や義勇軍の人たちの道のりをたどると、帰国は早くとも昭和二一（一九四六）年の夏以降、出港は、シベリア抑留などの特殊な事情を除いては、葫蘆島《ころとう》からの引揚船にほぼ集約されることに気づく。時期も、手段も、極めて限られている。このことは何を意味するのであろうか。

終戦時、満洲を含む海外には、軍人・民間人合わせて七〇〇万人近い日本人がいたとされる。こうした海外在留邦人の引揚げと、国内から朝鮮・台湾に帰還する人への援護がただちに政府内で問題となった。

昭和二〇年九月、海外に在留している部隊ならびに一般邦人の保護、帰還等に関する措置を講じるため、内閣調査局に帰還対策委員会が設置された。まずは二〇日、引揚民事務所設置が決定され、後日、浦賀・横浜・仙崎・呉・舞鶴・門司・下関・博多・佐世保・鹿児島各港が引揚港に指定される。そして二四日、「海外部隊並びに居留民帰還に関する件」が会議に諮《はか》られ、次のような方針が示された。

海外部隊並ニ海外居留民ニ関シテハ極力之ヲ海外ニ残留セシムル為其ノ生命財産ノ安全ヲ保障

スルト共ニ居住地ニ於ケル生活ノ安全ヲ期スルコト、シ帰還スベキ者ニ対シテハ速カニ配船其ノ他帰還ニ必要ナル措置ヲ講ジ且帰還者ニ付テハ内地ニ於ケル就業其ノ他ノ指導ニ関シ遺憾ナキヲ期スル為左ノ要領ニ基キ海外部隊並ニ居留民帰還対策委員会ヲ設置ス[*5]

この資料が作成されたのは、九月一八日。帰還対策委員会そのものが、ここに示された方針のもとに設置されたことがわかる。つまりは、できるだけ居留民は現地にそのまま定着して、そこでの生活再建をはかる、という方針であり、やむを得ず帰還を要する場合は、それに見合った対策をとるというのが、政府の基本的な姿勢であった。空襲などにより内地の被害も甚だしく、食料事情も劣悪な状況にあっては、そうせざるを得ない面もあったのだろう。

実際には、終戦直後から、樺太《からふと》、中国本土、東南アジア、台湾、朝鮮半島南部などから、復員兵をはじめとする引揚げが続々と開始される。にもかかわらず、推定約一七〇万人といわれる満洲の在留邦人は、この流れから取り残された状態にあった。皮肉にも、政府の基本方針がここだけは忠実に守られていたことになる。国策の一環として送出された開拓団や義勇軍の人たちが、略奪や暴行、極寒の気象と食料・燃料の不足などにさらされ、身を守る手立てもないまま続々と命を落とすという、おおよそ定着からは程遠い悲惨な状況下にあった事実は、内地にまで届いていなかった。

その事実を伝えるため、立ち上がった男たちがいた。丸山邦雄（明治三六年生まれ）。長野県飯山市出身で、終戦時は鞍山の製鉄会社に勤めていた。大学卒業後、アメリカに留学し、現地で「排日移民法」に直面して「在米日本人留学生連盟」を立ち上げ、政府に法案見直しを迫るという社会運動にも携わった経験をもつ国際人である。丸山は、終戦直後に日本に帰るため列車に乗ることを試みたが、それもかなわず、鞍山もソ連軍に接収され、家族とともに身動きのとれない状況に陥った。着のみ着のまま避難してきた開拓団の人たちとも遭遇し、凄惨をきわめる同胞の姿にいたたまれなくなって、日本政府に引揚げの措置を講じてもらうよう、直談判に出ることを決意した。[*6]

丸山は、同じく鞍山で土木建築会社を経営していた新甫《しんぽ》八朗に協力を仰ぎ、その社員であった武蔵正道の三人で、密使となる仲間を結成した。問題は、自分たちがどうやって満洲を脱し、日本までたどりつくかということだった。戦前まで主要路だった釜山から下関への航路は停止されており、何よりも、ソ連軍と中共軍（中国共産党軍）による鮮満国境の警備が厳しく、朝鮮半島を経由して日本に行くことは、事実上不可能だった。唯一の方策は、日本人に対して比較的寛大な国民党軍の協力のもと、中国本土に逃れ、日本に向かう船に乗ることだが、満洲一帯はほぼ、ソ連軍と中共軍の支配下にある。ところどころに潜伏している国民党軍を探し出し、まずは密かにそこを訪ねなければならない。

昭和二一年二月八日の深夜、三人は満人の身なりで奉天まで行き、国民党軍の地下司令部で脱出の協力をとりつけ、段取りを相談した。鞍山に戻り、それぞれの家族を大連のカトリック教会の司祭に託し、同月二二日の早朝に出立した。

いったん新京に行き、全満日本人会会長に政府高官にあてた紹介状を書いてもらった。そして二六日、奉天の先の皇姑屯という小さな駅から、国民党軍の将校二人とともに人目につかないよう列車に乗った。三人は満人を装い、二人の将校も便衣という民間服姿だった。

日本人であると知れるや、即刻殺されてもおかしくない世情である。言葉を交わすこともままならない緊張のなか、山海関の駅で天津行きの列車に乗り換え、満洲を脱した。天津に着き、引揚げ作業に当たっていた旧日本軍の将校やアメリカ駐留軍の協力を得て、三月九日、塘沽《タンクー》港から引揚げのためのアメリカ船に乗せてもらった。満洲と異なり、中国本土では着々と引揚船の発着が繰り返されていたのだ。

三月一三日、船は引揚港のひとつである山口県の仙崎に入港した。小倉を経て、三月一五日の夕方、東京に着く。三人は「在満同胞救済陳情代表」と名乗ることに決め、まずは首相官邸にある内閣書記官長の事務所に行った。翌日には、大連の司祭から紹介された在京ローマ法王使節を訪ね、そこでGHQへの紹介状を得て、繰り返し陳情のため足を運んだ。

このとき丸山は、邦人帰国のための出港地として、遼寧省にあった軍港、葫蘆島を具体的に進言した。アメリカ軍と共闘関係にあった中国国民党軍が、満洲で唯一支配下においていた港だったからである。葫蘆島の名は、米軍関係者の間では、すでにその年の初め頃から居留民の送還拠点として挙がっていたが、満洲そのものが米軍にとって未知であったため、詳細な情報がなかった。丸山たちは手書きの地図で場所を示し、葫蘆島の重要性を改めて訴えた。

度重なる陳情が功を奏し、四月五日、ついにGHQ最高司令官マッカーサーとの面談がかなった。

丸山は流暢な英語で、三人が帰国した経緯や満洲の現状について説明をした。

陳情の合間には、留守家族らで作られた団体などから頼まれた講演会に奔走した。さらには、四月一七日、ＮＨＫのラジオ番組で「在満同胞の実情を訴う」と題し、三〇分にわたって話をする機会を与えられた。満洲居留民の悲惨な現状と、一日でも早い引揚げの実現を願う丸山の声は、日本国内のみならず、満洲の在留邦人のもとへも届けられた。

四月二〇日、ＧＨＱから呼び出しを受けた三人は、近く引揚船が葫蘆島に向けて出発すると知らされた。決死の思いで満洲を脱出し、日本に帰国してから一ヶ月あまりという、望外の速さでの悲願達成であった。

四月二五日、葫蘆島に向かう引揚船第一号が佐世保を出港した。ＬＳＴとよばれる、アメリカ海軍の戦車揚陸艦がその任にあてられた。丸山と新甫は、引き続き国内に留まって引揚げ推進と引揚者の世話に尽力することとし、中国語が堪能な武蔵ひとりがこの引揚船に乗って満洲に戻ることになった。武蔵は葫蘆島に着くとすぐさま奉天に行き、引揚船の仔細について全満日本人会へ報告した。これにより、各日本人会へと通達がなされ、満洲全土で悲惨な避難生活を続けていた人たちは、一路葫蘆島をめざして南下するようになるのである。

帰国を果たした義勇軍の人たちの言葉に耳を傾けると、日本への望郷の念に駆られて決死の逃避行を遂行したというよりは、ただその日その日を生き抜くことで精いっぱいであり、毎日がそのくりかえしであったことがわかる。南下も、最終的には船が出る港をめざすことにはなったが、おそらく当初は、極寒の地から少しでも南に下ったところに身を置きたいという切実な思いによるものだったのだろう。そうした劣悪な環境のもとで、飢えと病気、そして恐怖と闘うなか、突如立ち現れた日本への帰還事業は、明日へと命をつなぐもっとも確実な手段であった。

三江訓練所から避難してきた湯澤さんは、こう語る。

「ああ、日本へ帰れるんだ」っちゅうくらいなことしか。それまではねえ、自分に明日があるなんちゅうことは考えなかったですねえ、牡丹江、新香坊のころは。「あっ、朝がきた、生きておったなあ」くらいなのが本心でしたねえ。だから強く「明日も生きたいんだ」っていうそういう望みなんか、全員なかったと思いますよ。だって、一日に三人も四人も亡くなっていくんですよ、お友だちが。それも個室じゃないでねえ。二十一年五月にも桃山小学校（ハルピンの収容所——筆者注）では亡くなりましたから。

（満蒙開拓を語りつぐ会編著『下伊那のなかの満洲　聞き書き報告集』九）

昭和二一年五月といえば、丸山たちの嘆願かなって、葫蘆島と佐世保の間を引揚船がようやく往復するようになる頃である。当時はまだ、満洲各地で過酷な避難生活が続いていた。

湯澤さんの帰国は、それから半年近く経過した一〇月。ハルピンから列車で南下し、新京（長

図①　葫蘆島からの引揚者。昭和21年8月7日、博多港（『1億人の昭和史4　空襲・敗戦・引揚』）

春）からさらに下ったところで降りて、葫蘆島まで歩いた。途中、船で川を渡ったことを覚えている。港近くで引揚船を待つ間、どこからともなく日本人がおにぎりを売りに来た。手持ちの小遣いがある人は、競ってそれを買っていた。

　乗船しても、どこへ行くのか不安だった。船旅は一週間ほど。その間に、船内で一人亡くなり、汽笛を鳴らして水葬された。一方では、赤ん坊も一人生まれた。台風の季節で、船底が平らなアメリカ海軍のＬＳＴは波に弱く、よく揺れる。船酔いで苦しかったが、船員の「日本が見えたよ」という声に跳ね起きて、みな甲板に飛び出した。その時のうれしさは、言葉にできないほどだった。

　検疫のため港で一日待機の後、佐世保に上陸。一〇月八日、名古屋を経由し、仲間はその日のうちに自宅に帰ったが、湯澤さんはどういうわけか本部付きということで、幹部の奥さんに同行して市田のほうを回り、翌日一人で座光寺まで帰ってきた。

　役場と学校に引揚げの報告をし、家に帰り着いたが、船の中で日本が見えたときのような感動はなかった。格別うれしいという思いもなく、頭に浮かぶのは、ハルピンの収容所で亡くなった幼馴染のことだけだった。

小見山さんは、昭和二一年八月三一日に葫蘆島から引揚船に乗った。数日で佐世保に着き、港外に繋留されている間に検疫を受けた。

九月三日に上陸し、大久保中隊の同行者とともに引揚証明書をもらって列車に乗った。小見山さんを含めて福山駅で下車するグループがあり、そこで中隊は解散。小見山さんは郷里の笠岡まで行き、小田郡関係者の名簿を持たされていたので、駅で待機していた県庁職員に報告をした。

笠岡まで来る途中、広島駅に停車したとき、宇品《うじな》の方の海まで見えたので驚いた。駅の屋根は板葺きで、ものすごい数のハエが飛んでいた。新型爆弾が落とされたことは、終戦後に満洲で耳にしていたが、たいへんなことになったと、このとき思った。

笠岡から山陽汽船で郷里の神島に帰り、港に着くと、父親が自転車で迎えに来ていた。役場から知らせがあったとのことだった。

「帰ってみるとね、小学校の同級生なんかは、旧制中学から帰りよるんですよね。で、こっちは半死にこいて、生きとるか死んどるかわからんような状態で帰ってきて、なんとなく恥ずかしいてな」

小学校で同級だった仲間が、中学生になって下校してくるのに出くわしては、複雑な思いに駆られ、また満洲で死んでいった仲間を思うと、帰郷の喜びよりも、自分だけ帰ってきた後ろめたさのほうが先に立った。

極度の栄養失調で、一年ほどは療養して過ごした。島には船乗りが多く、祖父もまた何度も漂流した経験から、「こういうやつに飯食わしたら死ぬるぞ」といって、初めのうちは、あえてあまり食べさせてはもらえなかった。一ヶ月くらいかけて徐々に慣らしていき、ようやく普通にものが食べられるようになった。

この療養中、近所の人に勧められて、歌を詠むことを始めた。昭和二六年、短歌結社「龍」に入会。現在はこの龍短歌会の会長と岡山県歌人会の会長もつとめる。

歌のメモにと、当時のことを思い出してノートに書いたりはしていたが、それを自ら口にするようなことはなかった。満洲での体験をぽつぽつと語ることができるようになったのは、それから三〇年以上経たあと、五〇歳を過ぎてからのことであるという。

戦ひの終りたる日の記憶にて仔を産みて死にき挽馬初川
稚くて死ににし者等たましひの水辺に遊ぶせせらぎの音

(「死者達への為の短歌十種」興安会編『満蒙開拓青少年義勇軍　大久保中隊』)

1——以下、湯澤政一さんの体験談は、ご自宅での聞き取り(平成二七年二月二〇日と平成二八年二月二九日)に加え、満蒙開拓を語りつぐ会編『下伊那のなかの満洲　聞き書き報告集』九に収録された聞き書きを参照した。

2——岡山県倉敷市・玉野市・岡山市の一部、御津・都窪・児島・浅口・吉備・小田・後月・上房・阿哲・川上の各郡出身者で構成。

3——以下、小見山輝さんの体験談は、平成二三年八月二九日と平成二四年三月一八日の聞き取りによる。

4——以下、加賀昭次さんの体験談は、平成二四年三月一八日の聞き取りによる。

5——国立公文書館所蔵資料、同館アジア歴史資料センターのデジタルアーカイブスによる（http://www.jacar.go.jp/glossary/）。

6——以下、丸山たちの一連の行動については、丸山の三男であるポール・邦昭・マルヤマ著（高作自子訳）『満州　奇跡の脱出——170万同胞を救うべく立ち上がった三人の男たち』（柏艪舎、二〇一一年）による。

コラム⑥

慰霊の旅と中国の反応

高　媛

私は、八月一五日の敗戦記念日には必ず想い出す。我々にはまだ戦後はないことを、墓参、遺骨収集の実現こそ、大陸へ渡った人の悲願であり、責任である。

これは、満蒙開拓青少年義勇軍として満洲に渡った榛葉忠男《しんばただお》さんが、戦後三六年が経過した一九八一年に書いた文章である。もう一度満洲を訪れ、亡き拓友の霊を弔《とむら》いたいという切実な願いが行間から滲《にじ》み出ている（榛葉忠男「北満に散った鍬の戦士――勃利、東安、寧安義勇隊」）。

かつて「夢の新天地」や「父祖の血潮で染めた聖地」と喧伝《けんでん》されていた満洲は、戦後一転して、無念の死を遂げた同胞が眠る「異国の地」として満洲引揚者に想起されるようになった。「現地で慰霊したい」という思いは、一九七二年までの国交断絶に阻まれ、実現の目処も立たないまま時が過ぎていった。

榛葉さんの文章が発表された一九八一年頃、満洲引揚者の間で悲願だった満洲慰霊旅行への期待が急速に高まっていた。それに拍車をかけた出来事が、前年（一九八〇年）四月、戦後初めてとなる日本政府の公式墓参団派遣である。

旧満洲地区の戦没者は軍人・軍属六万六四〇〇人、一般人が一七万九〇〇〇人の計二四万五四〇〇人である。その犠牲は甚大だったにもかかわらず、戦後三〇年以上経っても、日本政府主催の公式の慰霊行事が全く実施されていなかった。それだけに、政府派遣の満洲墓参団は画期的だったが、決して簡単に実現したわけではない。

　一九七二年の日中国交正常化以降、日本政府は繰り返し満洲への慰霊墓参の要望を中国側に伝えていたが、当初、中日友好協会会長の廖承志から「古傷に触れるのはやめよう」と間接的表現ながら拒否された経緯があった（『読売新聞』一九八〇年六月六日、朝刊四面）。その後、度重なる交渉の末、ようやく中国側が受け入れの意向を表明したのは、一九七九年一二月大平正芳首相の訪中時である。

1980年4月に行われた第1回政府派遣満洲慰霊団「北京・日本大使館での合同追悼式」（東北地区死没者遺族友好訪中団報告誌編集委員会編『ああ満洲慰霊の旅』）

　ところが、一ヶ月後の一九八〇年一月、鄧穎超・全国人民代表大会常務委副委員長から「友好慰問団」の名称を使って欲しいとの要望が伝えられた。その理由は、「昨年末に開かれた全人代常務委員座談会の席上、一部委員から「日本の侵略で中国人民が多数死んでおり、墓参団は中国人の感情を刺激するものだ」と強硬な反対論が出た」とのことであった（『読売新聞』一九八〇年一月一〇日、朝刊三面）。
　このように、犠牲者数が遥かに日本を上回る中国民衆の感情に配慮し、第一回政府派遣慰霊団は「東北地区死没者遺族友好訪中団」と銘打つことになった。「満洲」を「東北地区」と言い換えたのは、中国では一九三二年満洲国建国が宣言された当時から、満洲国のことを「偽《ウエ》」という字を冠して「偽満《ウエマン》」「偽満洲国《ウエマンジョウグオ》」と呼び、傀儡《かいらい》国家としての正当性を認めない歴史観を持っているからである。また、「友好訪中団」は、屋外での慰霊行動は一切自粛し、追悼式も在北京日本大使館内やホテル内で行われるなど、中国側の反感を買わないよう細心の注意を払っていた。

ところが、この政府派遣の慰霊団から半年後、福岡県のある民間慰霊団が中国側の反発を招く事件を起こしてしまった。福岡県出身の開拓民の慰霊と残留孤児の慰問に訪れたこの慰霊団が、黒龍江省牡丹江付近の日本人避難民収容所跡で、日の丸と中国国旗を掲げたうえ、団員の一人が所属していた旧日本軍の部隊名を書いた卒塔婆《そとば》まで立て、同行の住職による派手な法要を営んだ。中国の民衆二、三〇〇人が取り囲み、中国旅行社側のガイドを通して法要の中止を求めたが、行事は最後まで続行された。この慰霊団の行動は日本国内でも大きく報じられ、大きな波紋を呼んだ（『朝日新聞』一九八〇年一〇月二八日、朝刊二三面）。

このような現地慰霊によるトラブルが頻発するなか、一九八一年一〇月、中国政府から日本外務省に「中国人民の感情を尊重し、公の場所では慰霊活動をしないでほしい」との異例の協力要請があった。それを受けて、外務省中国課では、「①訪中は観光、視察を建前とし、名称に「慰霊」は使わない②一般群衆の目につく公の場所での慰霊活動は控え、祭壇を設けての参拝、献花、焼香などは、事前に了解を得て、ホテルの一室などで行う③開拓団や難民収容所跡地では、住民感情を刺激するような行動はしない」などの具体策を挙げ、厚生、運輸両省に関係方面への周知を依頼した（『朝日新聞』一九八一年一〇月八日、朝刊二二面）。

しかしながら、外務省から注意が出されたあとにも、ゲリラ的に屋外での慰霊を敢行する訪中団は後を絶たなかった。旅行の現場で日本人観光客と現地中国人住民の板挟みとなり、最も対応に苦慮しているのは、現地を案内する中国旅行社側の日本語ガイドである。一九六二年黒龍江省に生まれ、八四年に大学を卒業してから中国国際旅行社哈爾濱《ハルピン》支社に勤める、ベテランガイドのLさんもその一人である。二〇〇四年頃、Lさんは筆者の取材に対し次の感想を洩らした。「日本のお客さんが昔住んでいた中国東北地方に郷愁を感じるのは人情の常であり、それに対しては反感を持っていない。ただし、慰霊祭については中国政府の規定でやってはいけないことになっている。人目につきにくい場所での慰霊行為でも、ビデオの撮影や報道関係者の同行は遠慮するよう、何回もお客さんに説明したことがある。万が一慰霊に関する映像や報道が日本国内で広まったら、「中国で慰霊祭OK」という間違ったメッセージが伝わってしまうから」と。さらに、彼がこれまで接した一部の旅行者はいまだに「満人」「日満親善」「大東亜共栄圏」といった満洲時代の言葉を口にすることや、某県の日中友好協会ですら、挨拶文の中に「共存共栄」という中国を侵略した時の文句を平然と使うことに触れ、「日本人は心の底では反省していない、現地の人を尊重していない」と結論づけた。

戦後長い間募らせてきた満洲引揚者の現地慰霊の思いは、日中国交正常化以降の中国東北地方旅行の大きな原動力となった。しかし、団名に「友好」と掲げながら同胞の慰霊を最大の動機とする日本人旅行者と、「反省あっての慰霊」にこだわる中国側の間には、当初からずれが存在していた。とりわけ、二〇〇〇年代以降、首相の靖国神社参拝や尖閣諸島国有化をめぐる日中関係の悪化に伴い、そのずれが軋轢となり、溝が深まっていった。

戦争終結から七〇年経った今でも、中国では日本人の公の場での慰霊活動は許されていない。このことは一体何を意味するのだろうか。それだけあの戦争は、中国の人々に今なお拭い去ることの出来ない大きな悲しみを与えてきたことを、感じ取っていただきたい。

終章　「春傷」の満洲体験

神崎宣武

あの時代は、何だったのだろうか。

あの満洲という土地は、何だったのだろうか。

満洲に渡った多くの人たちが何度もそうつぶやいただろうことは、想像にかたくない。満蒙開拓青少年義勇軍（隊）に加わった人たちも例外ではない。

しかし、彼らの多くは、長く口を閉ざしたままであった。

ひとつには、過酷な体験のなかで生きるためにさまざまな手段を講じざるをえなかったからである。それには、道徳律に反する、犯罪にも相当する行為も含まれていた。とくに、敗戦後の逃避と帰国までの労苦に想像を絶するものがあった。そのことは、ひとり彼らにかぎったことではない。開拓移民の農民たちも、多かれ少なかれ体験した労苦であった。そのうしろめたさが、彼らの口を重くしてきたのである。

満蒙開拓青少年義勇軍（以下、義勇軍）に参加した人のうち何人もが、いう。「一緒に行って帰れなかった友人も多い。自分たちだけが帰っていることへのうしろめたさが、どうしても払拭できない」と。その言葉どおりではあろうが、そこに内心じくじたる思いが交叉していることを、知らなくてはなるまい。

帰路や帰国後を語る記録も少ない。

そのなかで、二人の回顧録を以下にとりあげることにする。私ごとになるが、このお二人（小見山輝さんと司馬遼太郎さん）は、筆者がよく知る存在である。

小見山輝さんは、岡山県笠岡市に在住の歌人で、龍短歌会の代表である。私の郷里に近いこともあり、私の母が龍短歌会の同人として長く小見山さんに師事していた。その関係で、以前から存じあげており、時どきに話す機会もあった。近年は、とくに義勇軍の体験談を多く聞きながらの交誼が続いている。

司馬遼太郎さん（一九二三～九六年）は、私の民俗学の師である宮本常一（一九〇七～八一年）と親交があったことから、宮本先生の亡後も時どきにご教示をいただいた。初著作ともいえる拙著（『吉備高原の神と人』中公新書）も、司馬さんのお声がけがあって成った。

お二人とも、体験を含んだ事象を冷静に的確にとらえることができる人で、そこで自己を弁護したり主張したりするような人ではない。これ以上の傍証記録はない、と断言できるのである。

そして、奇しくも、お二人ともが、文中で「何だったのか」（小見山さん）、「何であったか」（司馬さん）と、当時をふりかえっているのである。

小見山輝さんの「何だったのだろうか」

小見山輝さんは、昭和五（一九三〇）年生まれである。現在、八五歳（平成二七年現在）。昭和二〇年、一五歳で義勇軍に入った。

二月に茨城県内原の訓練所に入り、五月に満洲に渡った。ということは、東京大空襲の後で、終戦の三ヶ月前である。最後の義勇軍の部隊（大久保中隊＝岡山県出身者で組織された四個小隊の二〇〇人）であった。満洲では、小興安嶺の南に位置する鉄驪《てつれい》の訓練所に入った。内原を出てから八日間の行程であった。

敗戦後は、長春（当時の新京）で足止めされた。が、中隊を崩さず、全員が西安炭鉱に行って働くことになった。炭鉱の実質支配者は、ソ連軍。約一〇ヶ月間、そこで働いた。ソ連軍が引揚げたあと、国民党軍が一帯を支配することになり、そこで帰国命令が出た。二〇〇人のうち死亡者や不明者が数十人、三〇人ぐらいが病気で動けなくなっていた。彼らを残して元気で帰れる者だけ、一〇〇人ほどで葫蘆島《ころとう》（遼東半島の西側にある小島）に向かった。そこから、アメリカの舟艇に乗って長崎県佐世保に帰った。昭和二一年八月末のことであった。

なお、引揚げるとき、体力的に無理のあった約三〇人と看護婦（当時の呼称）が残った。そして、二ヶ月遅れで帰国した。そのことについては、五章で紹介したとおりである。

帰国してからの小見山さんは、勤めのかたわら短歌にいそしんだ。満洲でのことを、なお他人に語ろうとはしなかったが、短歌で詠むことができるようになった。

五〇歳を過ぎていた。昭和五四年、第一歌集『春傷歌』を出版した。その表題にある「春傷」とは、傷ついた青春、と読むべきであろう。

後日、そのなかから一〇首を選び、それに注釈文を添えて「死者達への為の短歌十首」（興安会編『満蒙開拓青少年義勇軍　大久保中隊』に所収）を書いた。「これらの歌を書き描くのも、注をほどこすのも、実に辛い仕事だった」、といいながら、「勇気をもって、人間として」書いておくことにした。小見山さんは、そう述懐する。
そのなかから、注釈文ともに三首を以下に引く。

異邦の民を傷つけし記憶夜となれば風吹けば疼く背椎を持つ

満蒙開拓青少年義勇軍というのは結局何だったのか。「王道楽土建設」といい、「五族協和」といい、少年達はそんな事に結構夢を見ていたのである。しかしあの、東西に五、六里、南北に三、四里の広大な鉄驪訓練所にした所で、後から気がついてみれば、現地に住む人々から取り上げたものだったのである。いきなり「お前ら幸せにしてやる。土地をよこせ」というに等しい行為であった。それだけに敗戦後は可成りな目に合わされた。しかし、その事を進めた張本人のえらい人達は、その頃にはもう誰も満洲には残っていなかった。代わりに我々がやられた。満洲に古くから住んでいた人々をえらい目にあわせた。そして我々もやられた。ともに骨の疼くような記憶である。憎悪、悲しみ等というような感情はそういった末端に多く現われてくる。

長春の人ごみに飢ゑてさまよひし少年我を誰誰が知る

長春（旧新京）の駅に下りた時、吉井はもう死にかけていた。死にかけた吉井を背負うようにして室町小学校についた。吉井はそこで死んだ。素掘りの防空壕の中へ吉井を寝させ、毛布をかけて、そのまま其処に置いてきた。二、三日して見に行ったら、埋めてあったのでいくらか安心した。室町には市が立った。食べ物だろうと、着る物だろうと、何でもあった。南大房身の宿舎から、電車の終点まで歩き、そこから電車の外にぶら下がって室町、吉野町あたりへ行き、満人の商人等の目をかすめては、食べ物を盗んで食べた。追われると室町小学校や白菊女学校へ逃げ込んだ。あの頃の事を知っている奴はいない、と思うのだが、あそこに埋めた吉井は、ひょっとしたら知っているのかも知れない。

ひとりなる飯を炊ぐに幾変遷ともになしたる飯盒あり

満洲から持って帰ったのは、結局飯盒と水筒だけだった。あとのもの、といっても毛布一枚だけだったが、あまりにもおびただしい虱の卵に怖れをなした母親が、焼き捨ててしまった。内地の生活では、水筒はあまり必要でない。使用にたえるものは飯盒のみ、ということになった。

以後の小見山さんは、このことを重ねて語ることをしなかった。しかし、折につけて戦争の愚かさを説くようになった。それは、あの時代をふりかえって「疼く背（脊）椎」をもつがゆえのこと。小見山さんの「春傷」は、まだ癒えていないようにみうけるのである。

司馬遼太郎さんの「何だったのだろうか」

司馬さんから、満洲についての話を聞いたことはない。たぶん、他でも語られることはなかったのであろう。

司馬さんは、終戦の前年に戦車部隊の一員として満洲へ送られた。長春と瀋陽《しんよう》（当時の奉天）のあいだの四平《しへい》というところに陸軍戦車学校があり、そこで訓練に明け暮れた。そこでの戦車は、ノモンハン事件（昭和一四年）で全滅した八九式や九七式ではなく、チハ車《しゃ》というディーゼル・エンジンの改良型であったが、鋼板が薄く大砲は旧式のままで、「この戦車の最大の欠陥は、戦争ができないことであった」（司馬遼太郎『歴史と視点――私の雑記帳』）。司馬さんの所属する部隊は、終戦直前に本土防衛という名目で帰国した。

司馬さんは、『この国のかたち』（一）のなか（「〝統師権〟の無限性」）でいう（以下の引用も同じ）。

私は、ソ連の参戦が早ければ、その当時、満州とよばれた中国東北地方の国境の野で、ソ連製の徹甲弾で戦車を串刺しにされて死んでいたはずである。

そして、司馬さんは、その時代をふりかえっていう。

——あんな時代は日本ではない。

と、理不尽なことを、灰皿でも叩《たた》きつけるようにして叫びたい衝動が私にある。日本史のいかなる時代ともちがうのである。

さきに〝異胎の時代〟ということばをつかった。

その二十年をのけて、たとえば、兼好法師や宗祇《そうぎ》が生きた時代とこんにちとは、十分に日本史的な連続性がある。また芭蕉や荻生徂徠が生きた江戸中期とこんにちとは文化意識の点でつなぐことができる。

司馬さんが、〝異胎の時代〟といったのは、同書の前項（「〝雑貨屋〟の帝国主義」）のなかで述べている、明治三八（一九〇五）年から昭和二〇（一九四五）年までの四〇年間のことである。つまり、日露戦争の勝利から太平洋戦争の敗戦までの時代のことである。

「日露戦争の勝利が、日本国と日本人を調子狂いにさせたとしか思えない」と、司馬さんはいう。帝国主義・軍国主義のなかで、参謀本部がしだいに独走をするようになった。「統師権」という超法規的な方便をもって、一部の参謀たちが謀略をもって近隣の国に侵略するようになった。その極みが満洲事変（昭和六年）であり、満洲国の建国（昭和七年）であった。

そうした一連の歴史を、司馬さんは、「あんな時代は日本ではない」といったのである。司馬さんは、満洲に滞在のころからノモンハン事件のことが脳裏から離れず、戦後も関係資料を集めた。しかし、どうしても書けなかった。

ともかく自分もその時に生存した昭和前期の国家が何であったかが、四十年考えつづけてもよくわからないのである。よくわからぬままに、その国家の行為だったノモンハン事件が書けるはずがない。

司馬遼太郎さんをして、そうなのだ。同様に「あの時代は、何だったのだろう」と自問する人は多かろう。しかし、その同時代を生きた人びとにも、その答えはよくわからないままなのである。

論評はできない体験談

しかし、あの時代は、たしかに存在したのである。

また、あの満洲という土地も存在したのである。

消そうとも消せない事実というものである。そこに、さまざまな思いが巡る。これまでも、多くの自問自答型の回顧録や回顧談がでている。

たとえば、関東軍で駐留した男性がいう。終戦時に自分たちの半分でもが居残っていたら、そこでソ連軍の侵入を三日間でもくいとめていたら、開拓農民や義勇隊員を大連まで送り日本に還すことができたろうに、と悔やむ。

たとえば、開拓団の一員として親と一緒に入植した男性がいう。敗戦後の逃避行の末、集団自決をすることになった。白っぽい粉薬を手にして星空を見上げていたが、ある長老に制止された。それからの辛酸は筆舌につくしがたく、よく気が狂わなかったものだ、とつぶやく。

たとえば、ハルピン（哈爾濱）にとどまって一年間を過ごした女性がいう。とくに、娘たちは、頭を丸めて顔を汚して男物の洋服を着けた。それでも、ソ連兵がやってくる。娘たちを守るために、ソ連兵にしたがって出ていった婦人もいる。その人たちは、二度と帰ってこなかった、と憤る。

痛ましいこと、というのはたやすい。誰もがそういうだろう。しかし、かといって、それを虐《ぎゃく》待《たい》とか蹂躙《じゅうりん》という言葉をもって社会批判するのがよいかどうか。

義勇軍に志願して渡満した少年たちは、たしかに一五歳過ぎで、そのところでは年端もいかない少年たちであった。また、たしかに教師や在郷軍人の斡旋があったし、諸情報も軍国少年を美化するものであった。つまり、洗脳されての志願であった、とみるむきが少なからずあるのだ。

先掲の小見山輝さんは、ある児童文学者が満蒙開拓青少年義勇軍を「幼児虐待」の問題としてとらえようとしたのを、それも立派な視点と認めながらも、「しかし、参加していた本人としては、何だか乗りきれないような気がしている」、という。

加賀昭次《てるじ》さん（岡山県）は、「現在《いま》の一五歳、一六歳と同じではない」、といいきった。たとえ、それが洗脳教育のせいであっても、国や親を思う気もちが違う、というのだ。そして、湯澤政一《まさいち》さん（長野県）のように、志願も自分の意志で決めた、という人も少なくないのである。

そうした、かつての少年たちの自立心も認めなくてはならないのではあるまいか。そして、帰国にあたっては、たまたま同道した婦女子をかばって食料調達に奔走したり、擬似家族を装った彼らが満洲で養った男気のようなものも、認めなくてはならないのではあるまいか。

義勇軍に参加した多くの人たちが、とくに帰路では、相応の苦労を強いられていた。

帰国後も、家業を継いだ者もいたが、あらためて自立をはからなくてはならない者が多かった。政府の補償金も、他より遅れたうえに総額で七〇〇〇円（一〇年分割）にすぎなかった。

それを、あえて語らないままで過ごしてきた人も多い。圧倒的にそういう人たちが多いのだ。

体験談は、人それぞれ、としなくてはならない。私たちは、極力、先入観をまじえず、素直にそれを聞いたつもりである。そして、ご本人が同意される範囲でここに紹介した。ここでの話がすべてではない。聞きとった体験談も割愛せざるをえない、その勇気をもったつもりである。

ただ、二度と戦争があってはならない。起こしてはならない。その反省だけが、共通の事実というものである。

湯澤政一さんは、あらためて戦争についての危惧を口にするようになった。

なぜ旧満洲へ日本人が送られたのか。当時、国の意図は何も伝わらなかった。今、特定秘密保護法など一連の動きに恐ろしさを感じる。「体験したからわかる。戦争の予兆をどうやって若い人に理解させるかだ」。戦争の惨めさを語り、記録に残す。伝えることで若い世代に平和を守る思いが生まれると信じる。「二度と戦争はいやです。この一言に尽きる」。

（『日本農業新聞』平成二六年八月一四日、「糧を支えて　戦後69年目の証言」より）

小見山輝さんも、最新号（平成二八年三月号）の『龍』（龍短歌会誌）誌上で、「日本を戦争のできる国に仕立ててはならない」と説いた。

歴史上、いつの時代だって、戦争を始めるのは老人、若しくはそれに類する人々で、死ぬるのは若者である。何のことか分からぬまま戦地に出されて、何の恨みもない他国の若者を殺す。どうかすると自分も死ぬ。日本の若者らの上に、そのようなことがあってはならない。

（「編集後記」より）

言葉に表すと、一般的な戦争反対論と大差ないようにもみえるが、これは正義ぶった観念論ではない。身を削り、血を吐くほどに切実な遺言《いごん》にも相当の訴え、と私は受けとめた。

それにしても、である。

あの時代は、何だったのだろうか。

あの満洲という土地は、何だったのだろうか。

長春駅にて。右から鷲尾賢也、神崎宣武、松田睦彦（2013年9月）

「あとがき」にかえて

本書は、旅の文化研究所の特定研究プロジェクト「昭和の旅行史――旅の記録と記憶の体系化に関する研究」の成果報告である。

平成二三（二〇一一）年から平成二七年まで、二七回の研究会を行なった（少人数でのフィールドワークも含む）。神崎宣武・高媛・松田睦彦・村山絵美・山本志乃・鷲尾賢也（五十音順）がレギュラーメンバー。そのうちの鷲尾賢也氏を急死によって失った（平成二六年二月）。その前年の九月に神崎・松田とともに大連・長春・ハルピン（哈爾濱）を巡り、いまやかぎられた残存遺跡や資料にあたり、その報告もすませて間もないときであった。

鷲尾氏は、歴史的な事件や人物に通じた博覧強記の人であった。編集者としての経験も豊富で、研究プロジェクトの成果をまとめるにあたっては、もっとも頼りになる同志であった。私たちは、大きな痛手をこうむった。

鷲尾氏のためにも、とは誰もが思うことであった。旅の文化研究所の運営評議委員の山口昌紀さんも、研究会は最後まで続けるべし、といって、ご自身の周辺で渡満経験のある人たちの証言を集めてくださった。また、新たに森話社の西村篤さんの協力を得ることができて、西村さんも以後の研究会に出席してくださるようになった。

本書をまとめるにあたっては、多くの人たちのご協力を得た。とくに、左記の方々には、貴重な体験談と資料の提供をいただいた。

大嶋克己・加賀昭次・小見山輝・妹尾和充・森オトヨ・森田ミチ・湯澤政一・満蒙開拓平和記念館（三沢亜紀）

記して、謝意を表したい。

私たちは、これをもって、歴史年表の行間をのぞいたことになる。ともすれば忘れられてしまう、そのところでの小さな史実を、戦後七〇年を過ぎた現在《いま》、あらためて記録にとどめた。できるだけ客観的に、もの言わぬ体験者の代弁にもつとめたつもりである。

ご高評をたまわれば、幸いである。

参考文献

朝倉都太郎『満洲国遊興行脚』誠文堂、一九三二年
新井恵美子『少年たちの満州――満蒙開拓青少年義勇軍の軌跡』論創社、二〇〇七年
荒尾栄次「満洲紀行」『平原』七、満鉄鉄道部旅客課平原編輯部、一九二四年一〇月
池部鈞・服部亮英・細木原青起・牛島一水・小林克己・北沢楽天・水島爾保布・宮尾しげを『漫画の満洲』大阪屋号書店、一九二七年
石原巌徹「大陸弘報物語（五）」『満鉄会報』五二、満鉄会、一九六七年一一月
『一億人の昭和史4　空襲・敗戦・引揚』毎日新聞社、一九七五年
市川忠次「わが青春の記」NHK長野放送局編『満蒙開拓の手記――長野県人の記録』日本放送出版協会、一九七九年
一笑会『弥栄』創刊号、一九三二年
入江寅次『邦人海外発展史』下、原書房、一九四二年
内木靖「満蒙開拓青少年義勇軍――その生活の実態」『愛知県立大学大学院国際文化研究科論集』一一、愛知県立大学、二〇一〇年

内田辰男『無、無、無に生きて』私家版、二〇〇一年
内原訓練所史跡保存会事務局編『満州開拓と青少年義勇軍――創設と訓練』内原訓練所史跡保存会、一九九八年
宇野豪「近代日本における国民高等学校運動の系譜（六）Ⅳ加藤完治（下）――国民高等学校運動から満洲移民運動へ」『広島修大論集（人文）』四一―一、二〇〇〇年
緒方菊太郎「註文帳」『月刊満洲』一二―八、月刊満洲社、一九三九年八月
加藤完治『日本農村教育』東洋図書、一九三四年
加藤完治「青少年義勇軍の訓練」『弥栄』二〇〇、皇国農民団、一九三九年
加藤完治・田中長茂・中村孝二郎ほか「満洲移民を語る」一九三六年（山田昭次編『近代民衆の記録六　満州移民』新人物往来社、一九七八年）
上笙一郎『満蒙開拓青少年義勇軍』中央公論社、一九七三年
亀山美知子『近代日本看護史Ⅱ　戦争と看護』ドメス出版、一九八四年
神崎宣武・小見山輝「満蒙開拓青少年義勇軍の記憶」『まほら』七一、旅の文化研究所、二〇一二年
喜多一雄『満洲開拓論』明文堂、一九四五年
喜田滝治郎ほか編『石森先生の思い出』石森延男先生教育文学碑建設賛助会、一九六七年
木村毅「明治文学に現はれたる満洲」満鉄福祉課編『昭和十一年度　夏期大学講演集』満鉄社員

会、一九三六年
協調会『農村に於ける特色ある教育機関』一九三三年
熊木哲「「日満綴方使節」とその作品――昭和十四年「東日小学生新聞」の懸賞「綴方」について」『大妻国文』三四、大妻女子大学国文学会、二〇〇三年三月
高成鳳『近代日本の社会と交通9　植民地の鉄道』日本経済評論社、二〇〇六年
興安会編『満蒙開拓青少年義勇軍　大久保中隊』興安会、一九八四年
小林龍夫・島田俊彦・稲葉正夫編『現代史資料11　続・満洲事変』みすず書房、一九六五年
小林英夫『〈満洲〉の歴史』講談社、二〇〇八年
小峰和夫『満洲』御茶の水書房、一九九一年
小見山輝『歌の話Ⅱ　汽水の蟹』潮汐社、二〇一〇年
小山富見男『満蒙開拓と鳥取県――大陸への遥かなる夢』（鳥取県史ブックレット七）鳥取県、二〇一一年
財団法人満鉄会編『満鉄四十年史』吉川弘文館、二〇〇七年
斎藤一男『波瀾坂』文芸社、二〇〇六年
櫻本富雄『満蒙開拓青少年義勇軍』青木書店、一九八七年
澤村修治『日本のナイチンゲール――従軍看護婦の近代史』図書新聞、二〇一三年
里見弴『満支一見』春陽堂、一九三一年

志賀直哉「万暦赤絵」『中央公論』四八―九、中央公論社、一九三三年九月
志賀直哉「続創作余談」『改造』二〇―六、改造社、一九三八年六月
司馬遼太郎『歴史と視点――私の雑記帳』（新潮文庫）新潮社、一九八〇年
司馬遼太郎『この国のかたち（一）』（文春文庫）文藝春秋、一九九三年
澁谷由里『馬賊で見る「満洲」』講談社、二〇〇四年
清水孝純・桶谷秀昭「注解」夏目金之助『漱石全集』一二、岩波書店、一九九四年
清水好雄編『東亜旅行社満洲支部十五年誌』東亜旅行社奉天支社、一九四三年
白取道博『満蒙開拓青少年義勇軍史研究』北海道大学出版会、二〇〇八年
白取道博編・解題『満蒙開拓青少年義勇軍関係資料』全七巻、不二出版、一九九三年
植民地文化研究会編『《満洲国》文化細目』不二出版、二〇〇五年
榛葉忠男「北満に散った鍬の戦士――勃利、東安、寧安義勇隊」引揚体験集編集委員会編『生きて祖国へ1　流亡の民　満洲篇（上）』国書刊行会、一九八一年
全国拓友協議会編『写真集　満蒙開拓青少年義勇軍』社団法人家の光協会、一九七五年
太平洋戦争研究会『図説　満州帝国』河出書房新社、一九九六年
太平洋戦争研究会編『図説　写真で見る満州全史』河出書房新社、二〇一〇年
拓務省拓北局『あなたも義勇軍になれます』一九四〇年以降（『満蒙開拓青少年義勇軍関係資料』四）

拓務省拓北局『建設の礎石』一九四三年以降（『満蒙開拓青少年義勇軍関係資料』四）
拓務省拓務局「満洲青年移民の栞」一九三八年（『満蒙開拓青少年義勇軍関係資料』四）
田坂文穂編『旧制中等教育国語科教科書内容索引』教科書研究センター、一九八四年
立川照夫著、村松晴時編『日満綴方使節録』山梨県高田小学校、一九三九年
旅の文化研究所編『旅と観光の年表』河出書房新社、二〇一一年
塚瀬進『満洲国』吉川弘文館、一九九八年
「綴方満洲　日満綴方使節の作品集」『観光東亜』六―一〇、ジャパン・ツーリスト・ビューロー満洲支部、一九三九年一〇月
東北地区死没者遺族友好訪中団報告誌編集委員会編『ああ満洲慰霊の旅』二戸タイムス社、一九八一年
夏目漱石『満韓ところ〴〵』春陽堂、一九一五年
夏目漱石『漱石全集』一三「日記及断片」、岩波書店、一九六六年
新潟市義務教育史編集委員会『新潟市義務教育史　昭和編（一）』新潟市教育委員会、一九七五年
西澤泰彦『図説　満鉄――「満洲」の巨人』河出書房新社、二〇〇〇年
長谷川潮『少女たちへのプロパガンダ――『少女倶楽部』とアジア太平洋戦争』梨の木舎、二〇一二年

ポール・邦昭・マルヤマ『満州 奇跡の脱出――170万同胞を救うべく立ち上がった3人の男たち』髙作自子訳、柏艪舎、二〇一一年
星亮一『満州歴史街道 まぼろしの国を訪ねて』潮書房、二〇一三年
松岡洋右伝記刊行会編『松岡洋右――その人と生涯』講談社、一九七四年
松竹秀雄『ながさき稲佐ロシア村』長崎文献社、二〇〇九年
松本豊三編『南満洲鉄道株式会社三十年略史』南満洲鉄道株式会社、一九三七年
松本豊三「満鉄と弘報業務」『宣撫月報』三―一〇、国務院総務庁弘報処、一九三八年一〇月
満史会編『満州開発四十年史』上・下・補、満州開発四十年史刊行会、一九六四年
満洲移住協会「義勇軍、開拓団 幹部員応募勧奨の栞」一九三九年（『満蒙開拓青少年義勇軍関係資料』四）
『満洲移住月報』六、満洲拓植公社、一九三九年五月（『満州移民関係資料集成』三五、不二出版、一九九二年）
満州移民会編『日本帝国主義下の満州移民』龍溪書舎、一九七六年
満州移民を考える会編集委員会編『聞き書きと調査報告 下伊那から満州を考える』二、満州移民を考える会、二〇一五年
『満洲開拓月報』二―六、満洲拓植公社、一九三九年一一月（『満州移民関係資料集成』三五、不二出版、一九九二年）

満洲開拓史刊行会編『満洲開拓史』満洲開拓史刊行会、一九六六年
満洲開拓史復刊委員会編『満洲開拓史』（増補再版）全国拓友協議会、一九八〇年
満洲開拓青年義勇隊訓練本部編『青年義勇隊の話』満洲事情案内所、一九四一年
満洲開拓青年義勇隊訓練本部監理科『康徳八年度版　満洲開拓青年義勇隊統計年報』一九四一年（『満蒙開拓青少年義勇軍関係資料』五）
満洲国最高検察庁「満洲国開拓地犯罪概要」一九四一年（山田昭次編『近代民衆の記録六　満州移民』新人物往来社、一九七八年）
満洲国史編纂刊行会編『満洲国史　総論』満蒙同胞援護会、一九七〇年
満洲国史編纂刊行会編『満洲国史　各論』満蒙同胞援護会、一九七一年
『満洲鉄道建設秘話』南満洲鉄道株式会社、一九三九年
満洲拓植公社東京支社「満洲開拓政策に関する内地側会議要録」一九三九年八月（『満州移民関係資料集成』三、不二出版、一九九〇年）
満鉄鉄道総局・大阪毎日新聞社・東京日日新聞社編『綴方満洲』修学館、一九四〇年
「満蒙開拓青少年義勇軍募集要綱」一九三八年一月（『満蒙開拓青少年義勇軍関係資料』三）
「満蒙開拓青少年義勇軍募集要綱」『新満洲』三―七、満洲移住協会、一九三九年七月
満蒙開拓を語りつぐ会編『下伊那のなかの満洲　聞き書き報告集』九、満蒙開拓を語りつぐ会、二〇一一年

棟尾松治『満洲見物支那紀行』大阪屋号書店、一九二二年
山田健二「日満綴方使節／新しき満洲認識運動」『協和』一三一一八、満鉄社員会、一九三九年九月一五日
山田健二「満鉄と児童文化――日満綴方使節のこと」日本児童文学者協会編『日本児童文学』一七―八、盛光社、一九七一年八月

関連年表

一八七六年（明治九年）

5月13日　郵便汽船三菱、神戸—長崎—芝罘—牛荘間の北清航路を開設。

5月16日　芝罘に領事館を置く。

一八七八年（明治一一年）

6月8日　第一国立銀行の釜山支店が開業。銀行の海外進出の初め。

一八八二年（明治一五年）

8月30日　政府、朝鮮との間に済物浦条約を締結。日朝修好条規続約（居留地拡張など）に調印。

一八八九年（明治二二年）

7月1日　東海道線新橋—神戸間が全通。

一八九一年（明治二四年）

5月11日　ロシア皇太子、ウラジオストクで行われたシベリア鉄道の起工式出席後に来日。琵琶湖遊覧後に切りつけられる（大津事件）。

一八九二年（明治二五年）

6月21日　鉄道敷設法公布。

一八九三年（明治二六年）

6月2日　大阪商船、朝鮮沿岸航路の営業を開始。

一八九四年（明治二七年）

5月　二月、朝鮮の全羅道で起きた農民反乱を機に、東学教団率いる農民軍が蜂起。全州を占領し、朝鮮政府は清国に出兵援軍を要請。

6月2日　閣議にて、清国の朝鮮出兵に対抗し、公使館・領事館および在留邦人の保護を名目とした混成一個旅団の派遣を決議。八日に先遣隊八〇〇名を宇品港から送り出す。

6月21日　鉄道局、日清開戦にそなえ、臨時軍用鉄道輸送手続を定める。

8月1日　宣戦の詔勅が発布。日清戦争始まる。
8月20日　朝鮮政府と暫定合同条款に調印。京仁・京釜鉄道敷設など、日本の内政改革勧告を朝鮮政府に認めさせる。

一八九五年（明治二八年）

4月17日　日清講和条約調印。日清戦争終わる。
4月23日　ドイツ・フランス・ロシアの公使が遼東半島の清国への返還を勧告する覚書を提出（三国干渉）。
5月4日　閣議、遼東半島の全面放棄を決定。翌日三国公使にこの旨通告する。

一八九六年（明治二九年）

3月　アメリカ人モールス、京仁鉄道施設権を獲得。
6月3日　李鴻章とウィッテの交渉が妥結。ロシアと清の間に条約が調印され、ロシアは東清鉄道敷設権を獲得。
7月6日　東京で渋沢栄一ほか一五五名が参加して京釜鉄道株式会社創立発起人総会を開催。
7月　フランス人、朝鮮の京義鉄道敷設権を獲得。

一八九七年（明治三〇年）

2月　東清鉄道株式会社が設立。
5月8日　渋沢栄一が組織した京仁鉄道引受組合、アメリカ人モースからソウル―仁川間の鉄道敷設権を買収。
6月30日　牛荘に領事館を置く。
8月28日　ハルピンで東清鉄道の起工式が行われる。

一八九八年（明治三一年）

3月27日　ロシア、大連・旅順両港の二五年間の租借権と南満鉄道敷設権を獲得。

一八九九年（明治三二年）

3月29日　イギリス・ロシア間に協定が調印される。清国における鉄道施設権の範囲として、長城以北はロシア、揚子江流域はイギリスと定める。
この年、長崎出身の宮本千代、ロシア人医師プレチコフの女中として、ウラジオストクからハルピンに入る。

一九〇〇年（明治三三年）

6月21日　清国、北京出兵の八ヶ国に宣戦布告（北清事変）。

7月8日　京仁鉄道、京城―仁川間で営業を開始。
10月　日本郵船、神戸―韓国―北清線と、神戸―北清線を開設。
11月9日　ロシア、清の盛京将軍増祺と奉天交地暫且約章に調印。ハルピン―旅順間の鉄道敷設権を得る。

一九〇一年（明治三四年）

6月25日　東京で京釜鉄道株式会社創立総会を開催、正式に会社が設立される。取締役会長に渋沢栄一が就任。
9月7日　義和団事件最終議定書（北京議定書）締結。日本は清国駐兵権を獲得する。
11月3日　東清鉄道、ハルピン―綏芬河間が仮営業開始。

一九〇二年（明治三五年）

1月　一八九一年五月に着工したシベリア鉄道、ウラジオストク―ハバロフスク間が開通。

一九〇三年（明治三六年）

7月1日　ハルピンから大連に至る東清鉄道支線が開通、一四日に営業を開始。
10月3日　ロシア駐日公使ローゼン、小村寿太郎外相に、日本の満洲進出拒否などの協定対案を提出。六日に小村・ローゼン間の交渉開始、一四日に日本側の修正案を提出。
10月31日　京釜鉄道、京仁鉄道を買収。
12月11日　ローゼン公使、日本の韓国に対する軍事的支配を否定する対案を提出。二一日、小村外相、ロシア政府に再考を求める。打開の見通しなく、臨戦状態に入る。

一九〇四年（明治三七年）

1月25日　鉄道軍事供用令が公布される。
2月10日　ロシアに宣戦布告。日露戦争始まる。
2月14日　近衛師団および各部隊大輸送のため、東海道線の列車運行を特別運行に改める。翌年一〇月下旬からは凱旋運行に変更、翌々年四月中旬から平時運行にもどす。
2月21日　参謀本部、韓国の京城―新義州間に軍用鉄道として京義鉄道を緊急建設するため、臨時軍用鉄道監部を設置。
5月14日　満洲軍占領地域における東清鉄道利用のため、東京で野戦鉄道提理部を編成。六月一四日に宇品出発。

8月10日　臨時鉄道大隊、安奉線軽便鉄道建設に着手。
8月22日　第一次日韓協約調印。
横浜正金銀行、ダルニー（のちの大連）に出張所を設立。
9月　シベリア鉄道が全線開通。
11月10日　京釜鉄道が完成。

一九〇五年（明治三八年）

1月1日　ロシア軍旅順要塞司令官ステッセル、降伏を申し出る。二日、開城規約調印。一三日に日本軍入城。京釜鉄道、釜山―京城間が全通。
1月14日　大阪商船、大阪―大連間航路の営業を開始。京義鉄道、京城―平壌間が開通。
2月　西本願寺、満洲・安東に布教所を置く。
3月1日　日本軍二五万で奉天の総攻撃を開始。一〇日に奉天、一六日に鉄嶺を占領（奉天会戦）。
3月　臨時鉄道大隊、奉天―新民屯（新奉鉄道）の建設開始。
5月1日　釜山―京城間に一日一往復の直通急行列車を運転。所要時間は一四時間。
5月27日　東郷平八郎司令長官率いる連合艦隊、日本海でロシアのバルチック艦隊と砲撃戦開始。翌二八日までに、ロシア艦隊は壊滅的な打撃をこうむる（日本海海戦）。
6月　日本郵船、横浜―北清線を開設。
8月1日　官設鉄道と山陽鉄道、新橋―下関間に直通急行列車の運転を開始。
9月5日　日露講和条約・追加約款調印（ポーツマス条約）。日露戦争終わる。韓国における日本の優位、ロシア軍の満洲からの撤退、大連・旅順の租借権譲渡、サハリン南部譲渡、沿海州沿岸の漁業権などを獲得。東清鉄道長春―旅順口間鉄道および支線ならびに附属一切の権利を譲渡される。
9月11日　山陽汽船、下関―釜山間の連絡航路を開始、壱岐丸が就航する。
10月　朝鮮半島の馬山港から京釜線三浪津への支線鉄道が開通。
11月17日　第二次日韓協約を調印。事実上、日本による韓国支配の開始となる。
11月　草津駅の立売営業者だった南新助、高野山参詣団と伊勢神宮参拝団を組織して、鉄道を使った旅行を実施。旅行斡旋業の初めとなる。

12月15日　軽便鉄道安奉線、安東―奉天間で運転を開始。
12月21日　統監府・理事庁官制公布。初代統監に伊藤博文を任命。
12月22日　日清両国間で満洲に関する条約および附属協定が成立、日本による安奉線の改築および経営が承認。
この年、満洲に安東神社が創建される。

一九〇六年（明治三九年）

3月7日　アメリカ・カリフォルニア州が、日本人移民の制限を決議。
3月27日　鉄道国有法・京釜鉄道買収法案が強行採決され、三一日公布。
4月3日　京義鉄道、京城―新義州間が全線開通。
4月　日本郵船、神戸―大連線、樺太線を開設。
5月1日　安東に領事館を置く。
6月1日　日露講和条約により樺太の北緯五〇度以南を受領。
奉天に総領事館を置く。
7月25日　朝日新聞社主催による満韓巡遊船が出発。大阪・東京などから男性のみ三八九名が参加。日清・日露戦争の戦地などを見学。八月二三日に帰着。
8月1日　満洲駐屯の日本軍、ロシア満洲軍より、長春から旅順に至る東清鉄道南部支線の受領を完了。翌年四月一日に南満洲鉄道に引き渡す。
関東都督府官制公布。
遼陽・鉄嶺に領事館を置く。
9月1日　大連を自由港として開放。
9月15日　横浜正金銀行に関東州での銀行券発行を認める。
10月　日本郵船、逓信省の命により横浜―牛荘線を開設。
11月15日　長春に領事館を置く。
11月26日　南満洲鉄道株式会社（満鉄）設立。初代総裁は後藤新平。

一九〇七年（明治四〇年）

3月3日　ハルピンに総領事館を置く。
4月1日　満鉄が業務開始。大連―孟家屯間、安東―奉天間ほかが開業。
4月15日　清国と、新奉線（新民屯―奉天間）と吉長線（吉林―長春間）の鉄道敷設に関する協約に調印。
4月　日本郵船、海軍特約による佐世保―旅順線を開設。
東京出身の元陸軍通訳小出英吉、関東州普店駅で官有

地の払い下げを受けて開墾に着手、翌年水稲栽培を開始。
5月16日　満鉄標準時を日本標準時より一時間遅らせる。
5月　山口高等商業学校が鮮満修学旅行を実施。
7月21日　満鉄、東清鉄道との接続業務条約に調印。
7月24日　第三次日韓協約および秘密覚書が調印。
7月30日　第一回日露協約に調印。相互の領土・権利の尊重、清国の領土保全、機会均等を承認。
8月1日　大連ヤマトホテル営業開始。
9月1日　天津・上海・漢口・牛荘・安東に日本人居留民団が設立。
10月1日　政府、私設鉄道会社一七社の国有化を完了。満鉄、大連―孟家屯間を長春まで延長。
10月　満鉄が開業時に引き継いだ遼陽・撫順千金寨両小学校をはじめ、各小学校を満鉄直営とする。大連市内に電灯・電力の供給開始。
11月3日　『満洲日日新聞』発刊。
11月18日　公主嶺尋常高等小学校を満鉄が初めて設置。
11月　長春駅開設。

一九〇八年（明治四一年）

2月18日　移民に関する日米紳士協約成立。写真の交換だけで入籍してアメリカに渡航する写真花嫁が増加。
3月21日　旅順ヤマトホテル営業開始。
4月28日　ブラジルへの第一回契約移民七八一名と自由移民一〇名が、笠戸丸で神戸を出港。六月一八日にサントス港に到着。この日を「日本人移民の日」とする。
5月30日　満鉄本線にて、国際標準軌に直す改築工事が完了。
7月　兵庫出身の勝弘貞次郎、奉天付近の鉄道付属地を借り受け、満洲麻の栽培を開始。
10月1日　長春ヤマトホテル営業開始。
10月5日　清国と、満鉄・京奉両鉄道連結協約に調印。
10月28日　大連―長春間で急行列車運転開始。
10月　満鉄、神戸丸を日本郵船より借り入れ、上海航路を開設。大連で倉庫営業を開始。
11月　満鉄東京支社内に東亜経済調査局を設置。
12月5日　鉄道院官制公布、内閣の直属となる。

一九〇九年（明治四二年）

1月　満鉄、京奉線との連絡輸送開始。

2月 高知出身の大江維慶、撫順炭坑用地内に水田を開設。
3月27日 関東州に関東都督府中学校官制を公布。旅順に日本人のための中学校を設立。
9月2日 夏目漱石、満洲旅行のため東京を出発。一〇月七日帰着。年末まで「満韓ところぐ」を新聞連載。
9月4日 清国と、間島に関する協約・満洲五案件に関する日清協約に調印。
10月26日 東清鉄道の特別列車で長春からハルピン駅に到着した伊藤博文、狙撃され暗殺される。
10月29日 チチハルに総領事館を置く。
11月2日 間島に総領事館を置く。

一九一〇年（明治四三年）

3月10日 大連市内にガス供給開始。
4月1日 鉄道院線、ロシア東清鉄道線と旅客・手荷物の連絡運輸を開始。
5月1日 満鉄、関東都督府から中央試験所を引き継ぐ。地質研究所・製糸試験所を開設。
7月4日 第二回日露協約に調印。
8月22日 韓国併合に関する条約が調印。二九日、併合に関する詔書が下され条約公布、即日実施。韓国の国号を朝鮮と改め、朝鮮総督府を置く旨を公布。
9月19日 星ヶ浦ヤマトホテル営業開始。
9月 満鉄沿線主要地に、図書閲覧所を設置。
10月1日 韓国総監寺内正毅、初代朝鮮総督に任命。日本が朝鮮半島で運行していた鉄道の所管を、朝鮮総督府の鉄道局へ移管。奉天駅と、駅併設の奉天ヤマトホテルが開業。
10月 煙台炭坑が開業。

一九一一年（明治四四年）

3月11日 国有鉄道主要駅とロシア鉄道のイルクーツク・モスクワ・サンクトペテルブルグ・ワルシャワ・オデッサとの間で、大連・朝鮮・ウラジオストク経由で旅客および手荷物の国際連絡輸送を開始。日本とアジア大陸との連絡輸送体系が成立。
5月20日 南満洲工業学校が開校。
6月15日 奉天に南満医学堂が開設。
9月 満鉄主要一六駅で倉庫営業開始。
10月10日 清国にて、革命派の影響下にある武昌の新軍が蜂起、辛亥革命が始まる。

11月1日　鴨緑江橋梁完成により、新義州─安東間が開通、朝鮮総督府鉄道の釜山と満鉄の奉天間の直通運転が開始。これにより、下関─釜山間の連絡航路を介して、日本内地と朝鮮・満洲との鉄道による連絡輸送体系が確立。

一九一二年（明治四五年・大正元年）

1月1日　孫文を臨時大統領とする南京臨時政府が成立。中華民国が発足。
2月12日　清国の宣統帝が退位し、清朝が滅亡。三月一〇日に袁世凱が正式に臨時大統領就任。
3月2日　朝鮮郵船株式会社設立。
3月12日　ジャパン・ツーリスト・ビューロー創立。
5月15日　シベリア経由での鉄道・船舶による世界一周連絡運輸が開始。
5月16日　ストックホルムで開催される第五回オリンピックに初めて参加するため、代表選手の三島弥彦・金栗四三と、嘉納治五郎団長・大森兵蔵監督の四名が、シベリア経由で出発（開催期間は五月五日～七月二七日）。
6月15日　釜山─長春間で週三回満鮮直通列車の運転を開始。
7月8日　第三回日露協約調印。
7月30日　天皇崩御。皇太子嘉仁が践祚、大正と改元される。
8月15日　国有鉄道主要駅と朝鮮および満鉄主要駅との間に二割引往復乗車船券を発売。
10月20日　吉長線が全通する。
11月1日　ジャパン・ツーリスト・ビューロー、大連の満鉄運輸課内に大連支部を開設。翌月、京城の朝鮮総督府鉄道局内に朝鮮支部を開設。

一九一三年（大正二年）

1月1日　朝鮮の平壌神社で鎮座祭が行われる。
1月31日　下関─釜山間航路に新造船高麗丸が就航。
2月1日　満鉄篇『満洲旧慣調査報告書』発行（～一九一五年七月二〇日。全一二冊）
2月20日　満鉄、豆粕の混合保管を開始。一九一九年一二月には大豆の混合保管を開始。
5月2日　鉄道院、大阪商船航路のウラジオストク・天津・大連・基隆と学生団体連絡運輸を開始。
5月25日　内国通運、朝鮮全州に出張所を設置。

9月15日　スエズ経由による世界一周の連絡運輸が開始。
10月1日　鉄道院、回数乗車券を発売。東京などの都市と天津・北京の間に、朝鮮総督府鉄道・満鉄経由での旅客・手荷物の直通連絡運輸を開始。
11月11日　関東都督福島安正の発意により、関東州内労働移民招致立案に着手。

一九一四年（大正三年）

1月1日　国有鉄道とロシア東清鉄道間で貨物連絡運輸を開始。
3月　大連図書館が開館。
7月28日　オーストリアとセルビアが開戦。ヨーロッパ全域の戦争へと拡大（第一次世界大戦）。
8月18日　第一次世界大戦の勃発に伴い、軍用臨時列車を運転する。
8月23日　日本、ドイツに宣戦布告。
10月　京城朝鮮ホテルが開業。
12月14日　辰野金吾設計による中央停車場が竣工。一八日に開業式、東京駅と命名される。
この年、満鉄、付属地内の農地を貸与し、除隊兵移民の創設に着手。

一九一五年（大正四年）

1月18日　在華日本公使、五号二十一ヵ条の要求を提出。
2月1日　大連汽船株式会社が設立。
2月　ジャパン・ツーリスト・ビューローの東京案内所にて、鉄道院発行の日満・日支各連絡乗車船券、鮮満巡遊券を引換証で発行。
3月27日　関東都督府の指導で金州に計画された農村に、山口県から一七戸が入植。郷里の愛宕村と川上村の頭字をとって愛川村と命名される。
5月25日　二十一ヵ条要求に基づく日華条約ならびに交換公文が調印。
10月1日　鉄道院、日本と中国間の周遊券・巡遊券を発売。
この年、朝鮮総督府鉄道局より『金剛山遊覧の栞』刊行。

一九一七年（大正六年）

2月27日　赤峰・承徳に領事館を置く。
3月10日　吉林に総領事館を置く。
3月12日　ペトログラードに、労働者と兵士を主体とする労兵ソビエト組織が成立。一五日、臨時政府が成立（ロシア二月革命）。

6月1日　ジャパン・ツーリスト・ビューロー、日本郵船・大阪商船と契約して、上海・天津・基隆・大連・青島の各港行連絡乗車船券の発売を開始。
7月31日　関東都督府官制の改正により、満鉄業務が都督に統裁される。朝鮮鉄道の経営を満鉄に委託する勅令も公布。
10月12日　満鉄、吉長鉄道の経営を三〇年間受託。
11月2日　石井特派全権大使とアメリカのランシング国務長官との間で協定が結ばれる。
11月7日　ペトログラードでレーニン率いるボルシェビキが武装蜂起。ソビエト政権樹立（ロシア一〇月革命）。
12月　ジャパン・ツーリスト・ビューロー、日支連絡往復乗車船券・日支連絡団体乗車船券、および鉄道院・日本郵船・大阪商船連絡乗車船券の発売を開始。
この頃、鈴木商店・久原商事・古河商事をはじめ、大戦景気による造船業・鉄鋼業の発展により急成長する企業家が続出。成金とよばれて財をなす。

一九一八年（大正七年）

1月11日　四鄭鉄道、仮営業開始。
5月15日　満鉄、吉長鉄道を管理し、鞍山製鉄所を設置。翌年四月二九日に第一高炉の火入式挙行。
5月20日　南アメリカなどへの移民増加に伴い、鉄道院、移民割引を拡張して、ブラジル・ペルー・フィリピン移民に運賃五割減の取扱いを開始。
7月　満鉄、朝鮮・金剛山に長安寺ホテルを開業。
8月2日　政府、シベリア出兵を宣言。
11月11日　ドイツ、連合国と休戦協定に調印し、第一次世界大戦が終結。
11月25日　ジャパン・ツーリスト・ビューロー、日本人に対する日満連絡券・日支周遊券・日鮮満巡遊券の発売開始。

一九一九年（大正八年）

1月16日　満鉄、シベリア出兵軍事輸送のため長春に臨時輸送係を置く（一九二〇年二月二八日まで）。
3月1日　京城のパゴダ公園に数万の民衆が集まり、朝鮮独立宣言を発表。「独立万歳」の示威運動が朝鮮全土に拡大。
4月1日　奉天中学校が開校。
6月28日　ヴェルサイユ講和条約調印。
7月18日　祭神を天照大神と明治天皇とする朝鮮神社

（のちに朝鮮神宮）が創立、官幣大社に列せられる。

12月16日　朝鮮・金剛山電気鉄道株式会社の設立総会が開催。一九三一年七月一日に、鉄原—内金剛間が全通。

この年、満鉄京城管理局より『朝鮮金剛山探勝案内』刊行。

一九二〇年（大正九年）

1月10日　国際連盟発足。日本も常任理事国となる。
5月15日　鉄道院が省に昇格、鉄道省官制公布。

一九二一年（大正一〇年）

12月10日　東亜勧業株式会社の発起人総会を東京で開催。翌年一月二〇日、奉天に設立。

一九二二年（大正一一年）

1月1日　鄭通線、営業開始。
1月　中国国鉄、満鉄経由で中東鉄道との旅客連絡運輸開始。
3月30日　南洋庁官制公布。四月一日、南洋庁設置。
5月1日　満洲医科大学が奉天に開校。
6月17日　満洲里に領事館を置く。
6月23日　閣議、一〇月末までにシベリアから撤兵することを決定し、翌日政府声明として発表。一〇月二五日に北樺太を除き撤退が完了。
12月30日　ソビエト社会主義共和国連邦の樹立が宣言。

一九二三年（大正一二年）

4月1日　満鉄、満洲船渠株式会社を設立。
4月21日　満鉄の鮮満案内所を東京・大阪・下関に設置。
7月1日　鉄道省、関釜航路との連絡輸送を考慮して、主に東海道・山陽両本線の列車時刻を改正。東京—下関間に三等特別急行列車を新設。
9月1日　関東大震災が発生。
11月1日　鄭洮鉄路が仮営業開始。翌年七月本営業、四洮線開通。

一九二四年（大正一三年）

5月15日　アメリカ議会にて排日条項を含む新移民法可決。アメリカへの移民が全面的に禁止される。七月一日施行。
11月1日　天図線、営業開始。
11月5日　中国の軍人・馮玉祥が北京で反乱、紫禁城から元皇帝の溥儀を追放する。二九日、溥儀は日本公使館に避難。

この年、『満鮮の行楽』（田山花袋著）刊行。

一九二五年（大正一四年）

2月　政府、震災の罹災者に南米移住を奨励する目的で、一二歳以上一人につき二〇〇円の補助を臨時的措置として実施、多数の応募者が出る。

7月17日　満鉄の全額出資による大連窯業株式会社が設立。翌日、同じく南満洲瓦斯株式会社が設立。

一九二六年（大正一五年・昭和元年）

3月　満鉄により、満蒙物資参考館開設。

5月28日　ジャパン・ツーリスト・ビューロー、大連案内所を開設。翌月以降、安東・奉天・ハルピン・長春などにも開設。

6月1日　満鉄の全額出資による南満洲電気株式会社が設立。八月には同じく国際運輸株式会社が設立。

7月15日　洮昂鉄路、仮営業開始。

9月13日　一九二三年に設立した民間航空会社の日本航空、大阪―京城―大連間の定期航空便を開始。

12月25日　天皇崩御。摂政裕仁親王が践祚し、昭和と改元。

この年、ブラジルへの移民奨励策で渡航費補助の措置がとられたことなどにより、約一万名が渡航する。

一九二七年（昭和二年）

2月1日　茨城県友部町に、農村中堅人物の養成を目的とした日本国民高等学校が開校。初代校長は加藤完治。一九三五年に東茨城郡内原町に移転。

4月1日　徴兵令を全面的に改定、原則すべての男子に兵役を課す。一二月一日施行。

4月12日　蔣介石、上海で反共クーデターを敢行。一八日、南京に国民政府を樹立。

4月22日　二〇日に成立した田中義一新内閣、緊急勅令により、金融恐慌打開のための支払い猶予令（モラトリアム）を公布、即日施行。

5月8日　日本旅行会主催、鉄道省・朝鮮総督府鉄道局・満鉄の後援で募集した第一回鮮満視察団二七〇名が、臨時貸切列車にて京都を出発。二二日に帰着する。

7月1日　満鉄、関東庁令により鞍山他六ヶ所に青年訓練所を開設。

8月30日　蔣介石による南京の国民政府軍が、北方軍閥により大敗。
9月1日　日満国際旅客手荷物の連絡運輸を開始。
9月5日　奉海鉄路が開業。翌年一〇月瀋海鉄路と改称。
9月　日本郵船、世界一周切符の発行を開始。
10月1日　金福鉄道、営業開始。
11月　中国側の打通線が全線開通。満鉄の並行線として影響大。

一九二八年（昭和三年）

1月1日　満鉄、旅館業を分離し、南満洲旅館株式会社を設立。
2月2日　南京で中国国民政府が北伐再開を決定。蔣介石が軍政両権を把握し、四月には北伐軍が攻撃を開始。
6月4日　日本の勧告により北京を退去した張作霖、奉天市瀋陽駅に到着直前、関東軍の謀略で列車を爆破され死亡。
6月9日　北伐軍が北京に入城。北伐戦争が終わる。
8月1日　公主嶺農事実習所開所式。
9月29日　熊岳城農事実習所開所式。
10月1日　満鉄、奉海鉄路との連絡運輸を開始。
10月8日　蔣介石、国民政府主席に就任。
10月10日　吉敦線が全通。
10月　陸軍の石原莞爾、関東軍参謀作戦主任に着任。翌年には満蒙問題解決のための領有計画を立てる。
10月20日　日本航空輸送株式会社が逓信省所管の航空会社として設立される。翌年から運行を開始、東京・立川の陸軍飛行場を拠点に、大連を二日間で結ぶ。
12月15日　満洲の呼海鉄路が仮営業を開始。翌年七月一日に全線の開通式が行われる。斉克鉄路も昂々渓―龍江間で営業を開始。

一九二九年（昭和四年）

4月　鉄道省とジャパン・ツーリスト・ビューロー、満鉄や日本郵船からの出資も受け、対米共同広告委員会を創設。この年にアメリカから旅行業者や雑誌記者らを招請する。
満鉄の全額出資による大連農事株式会社が設立。
5月10日　奉天ヤマトホテル新館が完成。
5月12日　日本旅行会主催、鉄道省大阪鉄道局・朝鮮総督府鉄道局・満鉄の後援による第二回鮮満視察団が草津駅を出発。二七日に帰着。以後一九三七年まで例年一回、五月ごろに二〇〇名ほどの団体で実施。一九三八年以降は輸送事情の関係から二等小口団体で実施。

5月15日 満鉄の並行線として、吉海鉄路が開通。

7月15日 日本航空輸送、東京―大阪―福岡間の旅客運送を開始。九月には、福岡―京城―大連間の旅客輸送を開始。

9月7日 日本旅行会主催、大阪毎日新聞後援により募集した朝鮮視察団第一班が臨時列車で京都を出発。朝鮮博覧会観覧のほか、満洲を含めた一〇日間の旅程。以後、例年一回、秋の金剛山の紅葉探勝を主体に実施。

9月15日 東京―下関間特急に、一般公募により富士・桜の愛称が初めて命名される。

12月27日 奉吉線が全通する。

一九三〇年（昭和五年）

1月11日 金輸出解禁が実施され、金本位制に復帰。

4月24日 外客誘致の中央機関として、鉄道省の外局に、国際観光局が開設。

5月30日 満洲と朝鮮の間にある間島で、翌日にかけて反日の暴動が発生。

7月25日 陸上競技の人見絹枝ほか五名の女子選手、プラハで開催の第三回世界女子競技大会参加のため大阪駅を出発。下関から釜山に渡り、朝鮮半島を北上してハルピンへ。鉄道でシベリアを横断、八月一一日にプラハ着。

10月1日 鉄道省、旅客列車の時刻改正を実施。超特急列車、燕号の運転開始。

10月10日 中国、北京―吉林間の直通列車の運転開始。

11月24日 中国、南京―瀋陽間の直通列車の運転開始。

11月27日 満鉄の並行路線である吉海・瀋海両鉄路が運賃値下げを実施。

この年、大連農事会社が日本移民六〇戸を招致する。

一九三一年（昭和六年）

8月3日 東京・羽田に、初の国営民間航空専用空港として、東京飛行場が開場。二五日に開港。

9月18日 関東軍の将校ら、奉天北部柳条湖付近の満鉄線路を爆破。満洲事変が勃発する。

9月20日 鉄道省、満洲・中国を含む東亜遊覧券を新設し、ジャパン・ツーリスト・ビューローにて発売を開始。

9月21日 イギリスの金本位制停止の影響により、株式・

商品相場が暴落する。
9月26日　奉天にある日本航空輸送の満洲代表部に、軍用定期航路事務所を開設。翌年、満洲国成立とともに、満洲航空株式会社となる。
11月10日　日本軍、天津で蟄居中だった清朝最後の皇帝溥儀を満洲に連れ出し、旅順のヤマトホテルに監禁する。
12月13日　犬養毅内閣が成立、ただちに金輸出再禁止を閣議決定する。
12月　吉本興業と朝日新聞の共同で、落語家や漫才師による慰問団が、満洲に派遣される。

一九三二年（昭和七年）

1月3日　関東軍、錦州を占領する。
1月17日　満洲の北寧鉄路のうち、奉天―山海関間を日本軍が接収、奉山線として独立経営とする。
1月26日　満洲の経済政策立案機関として、満鉄経済調査会が設置される。
石黒忠篤・加藤完治・宗光彦が拓務省を訪問し、満洲移民の必要を説く。
2月17日　関東軍の主導により、清朝旧臣の張景恵らを中心に東北行政委員会が設立、翌日新国家の独立計画を発表する。
2月29日　国際連盟から派遣されたリットン調査団が東京に到着。日本・中国・満洲の現地調査を開始する。
3月1日　東北行政委員長の張景恵、満洲政府首相として満洲国の建国を宣言。首都は長春に置き新京と改め、年号を大同とする。九日に溥儀が満洲国執政に就任する。
3月18日　日本側によって設置された東北交通委員会が廃止され、三月九日に設立が公布された満洲国交通部に継承される。
4月1日　朝鮮鉄道ホテル経営株式会社が発足。
5月15日　海軍青年将校、陸軍士官候補生らを組織して首相官邸などを襲撃、犬養首相を射殺する（五・一五事件）。
6月　ハルピン北興ホテルが開業する。
東京深川の無料宿泊所天照園から、移民の先遣隊四二名が、金州馬家屯実習所に入所する。
7月1日　満洲中央銀行が開業。
9月5日　第一次試験移民候補者四六三名が茨城県友部の国民高等学校で訓練を開始。

9月15日　日本と満洲国との間で日満議定書に調印。満洲国の承認、日本の既得権益の維持、関東軍の駐屯などの約定が交わされる。
9月　奉天にある日本航空輸送の関東軍軍用定期航空事務所が満洲航空株式会社となる。一一月には民間の輸送を開始する。
10月1日　リットン調査団が日本政府に報告書を通達。満洲国は傀儡国家であると断定。中国東北部を国際連盟の管理下に置くことを提案。
満鉄の大連―新京間急行列車に「はと」の愛称をつける。
10月3日　満洲へ第一次試験移民として四九二名が明治神宮外苑に集合。東日本を中心に、武装した在郷軍人で構成される。五日、神戸から出発。一五日に佳木斯に上陸。

一九三三年（昭和八年）

1月17日　ジャパン・ツーリスト・ビューロー、満洲・安東にツーリスト倶楽部を設立する。
2月9日　満洲国鉄道法公布。
2月24日　国際連盟、リットン報告書の採択と満洲国の不承認を可決。日本代表松岡洋右、抗議のためその場で退場。
3月1日　満洲国鉄道部が周辺の各鉄道会社を接収して発足した満洲国有鉄道、経営や新線建設をただちに満鉄に委託。
3月27日　内田康哉外相、国際連盟事務総長に脱退を通告。政府声明を発表、脱退についての詔書が発布される。
3月28日　天照園移民三八名、銭家店へ入植。
4月1日　朝鮮の列車ダイヤが改定され、朝鮮と満洲間の所要時間短縮。関釜航路の昼行便に接続する釜山―奉天間直通急行列車「ひかり」の運転開始。
5月1日　第一次試験移民団の本隊、永豊鎮（弥栄村）に入植。
5月8日　朝鮮総督府によって建設された営口安全農村の収容が開始される。
5月15日　ジャパン・ツーリスト・ビューロー主催による満洲国情視察団一五〇名が東京を出発。日程は二九日間。
6月1日　敦図線、仮営業を開始。
6月　中東鉄路（旧東清鉄道）を北満鉄路と改称。
満洲・朝鮮と日本内地との連絡拠点とするため、

朝鮮北部の羅津で築港に着手。

7月5日　満洲に入植する第二次試験移民四五五名が原宿駅を出発。二五日、三江省七虎力地区にて入植式を挙行。

7月14日　国際観光局、アメリカの雑誌『アメリカン・ボーイ』で日本に関する懸賞論文を募集し、当選したアメリカの少年三名と引率教授一名を招請、この日横浜に入港する。東京・日光で歓迎行事ののち、釜山・京城・安東・奉天・新京・大連を視察、門司から神戸・伊勢神宮・甲子園・名古屋を経て八月一七日に横浜を出発する。翌年、国際観光協会から、参加した少年と引率教授それぞれの旅行記の日本語訳が紹介される（『日本印象記』・『米国青少年の日本観』）。

7月20日　政府、満洲移民計画大綱を発表。

7月23日　大連で満洲大博覧会が開催（〜八月三一日）。

9月1日　満洲国有鉄道の京図線が営業を開始。

10月1日　満鉄、北鮮鉄道の経営を受託し、北鮮鉄道管理局を設置。

10月10日　ハイラルに領事館を置く。

10月15日　満鉄、清津—新京間の直通旅客列車を運転開始。

11月　満鉄子会社の南満洲電気が大連都市交通と改称。軌道・バス会社として新たな組織となる。瀋海線沿線で鉄道愛護村九八ヶ村が発足する。

12月1日　拉訥線・斉北線・浜北線が本営業。

一九三四年（昭和九年）

2月24日　前年に東京を出発し、敦化に待機していた鏡泊学園第一期生一九〇名が牡丹江省鏡泊湖の南湖頭に入植。

3月1日　満洲国が帝政を実施。執政溥儀が皇帝となり、康徳と改元。

4月1日　満洲の天図線が営業を開始。四平街—チチハル間の各線を統合し、平斉線とする。朝開線が本営業。

4月21日　ジャパン・ツーリスト・ビューローの大連支部にて、隔月で『旅行満洲』の発行を開始。

4月26日　満洲北部を縦断する路線と、長春—ハルピン間を結ぶ路線を含む北満鉄道について、停滞していたソ連から満洲国への譲渡交渉が、七ヶ月ぶりに再開する。

5月24日　ブラジルの憲法制定会議において、日本人移民を制限する規定が可決される。
7月1日　関東軍と中国・華北当局者との間で通車協定実施、北平―奉天間の直通列車運行開始。
8月10日　鉄道省と満鉄の路線間で、朝鮮経由、大連経由、および北日本汽船会社と島谷汽船会社の各北鮮航路を経由して、旅客・手荷物の連絡運輸を開始。
8月　国際電話株式会社、満洲との間に業務を開始。
9月1日　朝鮮の清津国際ホテルが開業。
拉浜線が本営業。
9月11日　満洲国鉄道営業法公布。
9月16日　大谷光瑞・加藤完治・松川五郎等の推薦により、少年一四名が吉林省饒河県に入植。北進寮と称する。
9月　一九三二年一〇月に満洲に入植した第一次試験移民団に嫁ぐ大陸の花嫁三〇名、ハルピンに到着。
10月1日　綏芬河に領事館を置く。
11月1日　満鉄の大連―新京間に、冷暖房設備を備えた特急「あじあ」の運転開始。朝鮮鉄道急行「ひかり」が満洲の新京まで運転を延長。関釜航路の夜行便に接続する急行「のぞみ」を増発。これにより、東京―下関間の特急「富士」に連絡して、関釜航路経由による朝鮮・満洲への連絡鉄道網が整備される。
11月4日　天理教信徒で結成された満洲開拓団が、ハルピン市郊外に購入した入植地に出発。翌年入植した集落とあわせて天理村とする。その後ハルピン市を結ぶ軽便鉄道敷設にも着手、一九三七年一二月に天理村軽便鉄道が開通。
12月24日　関東軍と中国・華北側との間に設関協定が成立。満洲国と中国が相互に国境に税関を設置する。
関東軍司令部が、満洲農業移民実施基礎要綱を発表。

一九三五年（昭和一〇年）

1月21日　北満鉄道譲渡に関して、満洲とソ連両国の協定が成立。三月二三日に日本・満洲・ソ連の三国で正式に調印、二五日に公布。新京以北の旧中東鉄道が満洲国有鉄道に編入され、新京―ハルピン間は国線「京濱線」となり、新京以南の満鉄本線と一体運行となる。
4月　満洲の鉄道沿線に自警村が設置される。村民は除隊兵から選抜。
5月1日　葫蘆島港開港式。
6月　一九三三年七月に入植した第二次試験移民団に嫁ぐ大陸の花嫁一三〇名が満洲に到着。

8月31日　満鉄の新京―ハルピン間が標準軌に改築される。翌日、特急「あじあ」の運行をハルピンまで延長。
9月1日　葉峰線が仮営業開始。
9月5日　満洲国有鉄道の培養線、もしくは地方開発鉄道として鉄道網の充実をはかる目的で、満洲国私設鉄道法が公布。
10月1日　北鮮雄羅線が開通、羅津港が一部開港。
10月14日　鉄道省、日本航空輸送と満洲航空との間で、鉄道航空連絡運輸を開始する。
11月1日　羅津港が開港。
11月21日　満洲移住協会事務所を開設。翌年一一月に協会設立。
京白線・北黒線が本営業開始。
12月12日　華北の経済開発を目的とする国策会社として、満鉄子会社の興中公司を設立する。
12月23日　満洲拓植株式会社が創立。

一九三六年（昭和一一年）

2月26日　陸軍皇道派の青年将校、歩兵連隊一四〇〇名余りを率いて、首相官邸・警視庁などを襲撃（二・二六事件）。
3月10日　錦奉線が仮営業開始。
4月1日　ジャパン・ツーリスト・ビューローで、朝鮮・満洲団体用旅館券の取り扱いを開始。また従来隔月で発行していた『旅行満洲』を月刊とする。
公主嶺農業学校・撫順工業学校が開設。
4月15日　高山本線開通記念として、富山市主催による日満産業大博覧会が開催される（～六月八日）。
6月27日　満洲国留日学生会の発会式が開催。在日留学生は約二〇〇〇名。
7月　満鉄、蛟河・老頭溝両採炭所を買収。八月には奶子山炭鉱を買収。
8月15日　チチハル鉄路ホテルが開業。
8月25日　広田内閣、満洲農業移民百万戸移住計画を発表、満洲移民が国策となる。
9月1日　平梅線が本営業開始。
9月9日　鮮満拓殖株式会社が創立。
11月10日　虎林線、仮営業開始。
11月16日　下関―釜山間の連絡航路に快速大型船金剛丸が就航。運航時間が昼夜便とも七時間三〇分程度に短縮。
12月1日　関釜航路への大型船就航にあわせて、朝鮮総督府鉄道の釜山―京城間に特別急行「あかつき」が設定される。
12月1日　塘沽ホテルが開業。
12月6日　奉天に、奉ビルホテルが開業。

一九三七年（昭和一二年）

1月15日　図佳線が仮営業開始。七月一日本営業。
4月　大連・奉天などの市内で遊覧バスの運行開始。
6月1日　日本航空輸送、東京―新京、京城―大連間の急行便、ならびに東京―天津線を開設。
6月10日　梅輯線、仮営業開始。
6月　満洲不動産株式会社が設立。鉄道付属地内の土地建物の管理を行う。
7月7日　深夜、盧溝橋近くで夜間演習を行っていた北平駐屯の日本軍と中国軍とが衝突。日本軍、中国側の不法射撃として翌朝に攻撃開始する。これにより日中戦争の端緒となる。
7月15日　日中戦争勃発により、日中連絡運輸を中止。青年農民訓練所創設要綱が決定。
7月　錦県昭和ホテル、ホテルニューハルピンが開業。
8月21日　満洲国の国策会社として、満洲映画協会が設立。「日満親善」「五族共和」などの普及が目的。
8月24日　政府、国民精神総動員実施要綱を閣議決定する。
長野県で募集した満蒙開拓青少年義勇軍先遣隊約一〇〇名が東京を出発する。九月一日伊拉哈に到着、宿舎に入る。
8月31日　一九三五年に設立された満洲拓植株式会社を前身とする満洲拓植公社が設立。
9月29日　満蒙開拓青少年義勇軍先遣隊第二隊一九〇余名が内原を出発。
10月1日　新義線が本営業開始。白温線が仮営業開始。
11月3日　満蒙開拓青少年義勇軍編成に関する建白書が政府に提出される。
11月30日　満洲に対する青年移民送出に関する件が閣議を通過。
12月1日　満鉄、付属地行政権を満洲国に移譲。
12月27日　日産コンツェルン総裁の鮎川義介、満洲重工業開発株式会社を設立。国策会社として鉱工業の一貫生産をはかる。
12月31日　日本と満洲との時差が廃止される。

一九三八年（昭和一三年）

1月21日　孫呉に満洲拓殖公社の義勇隊訓練所が開設、朝鮮洗浦に洗浦訓練所を開設し開所式が挙行される。

1月　吉本興業と朝日新聞の共同による慰問団わらわし隊第一陣として、柳屋金語楼・横山エンタツらが中国に出発する。一一月にも第二陣を派遣。各種慰問団は、その後一九四一年八月頃まで、三五九の団体が派遣される。

2月22日　満洲拓殖公社経営部に、青少年移民の訓練指導のための訓練課が新設される。

2月26日　茨城県東茨城郡下中妻村（内原）に満蒙開拓青少年義勇軍の内地訓練所が完成、訓練生の入所が開始される。

2月　満洲国国家総動員法を公布する。

3月5日　満鉄、華北全線の鉄道の管理を開始。

3月31日　支那事変特別税法により、内地・外地とも、汽車・電車・自動車・汽船の乗客に対して通行税を賦課。四月一日施行。

4月1日　国家総動員法が公布。五月五日施行。拓務省拓務局に青少年移民事項主管課として東亜第三課が設置される。承古線が仮営業開始。

4月8日　満蒙開拓青少年義勇軍第一次訓練生の壮行式が内原訓練所で挙行される。

4月13日　鉄道省、満洲国団体移住者連帯運輸取扱方を定め、特別割引の取扱いを実施する。

4月19・20日　孫呉の訓練所に義勇隊員六六二名が入所。

4月　観光報国週間が実施され、「国土愛護」「公徳強調」「心身鍛錬」がスローガンとなる。

農林・拓務両省による分村移民計画が成立。満洲移民事業が、農山漁村経済更正対策の一環として位置づけられる。満蒙開拓青少年義勇軍の本格的な募集も始まる。満洲移民協会が大陸の花嫁二四〇〇名を募集。

満蒙開拓青少年義勇軍東京父兄会が創立。

5月1日　京城に半島ホテルが開業。

5月2日　新京に満洲国立建国大学が設立、開学式開催。

5月14日　第二次義勇隊員の入植開始。

5月27日　防共協定の締盟国相互の親善をはかるため、日本青少年ドイツ派遣団二九名がドイツに向けて出発。八月一六日には、ナチ党青年部に結成されたドイツ労働者青少年団（ヒトラーユーゲント）代表者三〇名が横浜到着。一一月一二日に離日するまで各地を訪問し歓迎を受ける。

6月1日　旅順に関東神宮が創設される。

6月27日　鉄道省、国民精神総動員運動の一環として、青年徒歩旅行を奨励、乗客に運賃割引を開始。

10月1日　日満支連絡運輸協定が実施され、釜山—北京間直通運輸を開始。釜山—北京間に直通急行「大陸」を運転。釜山—奉天間の「のぞみ」を新京まで延長。

10月5日　満洲拓植公社ハルピン事務所で、青年義勇ラッパ隊を創設。

11月26日　義勇軍の寮母五七名が内地訓練所で入所式挙行。

12月1日　日本航空輸送と満洲航空傘下の国際航空が合併し、大日本航空株式会社が設立。

12月10日　ハルピンに義勇隊療養所が開所。

12月12日　満洲国政府、産業部の外局として開拓総局を新設。龍江・浜江・三江・吉林・牡丹江各省に開拓庁を、その他の各省に開拓課を設ける。

この年、渡辺はま子が歌う「支那の夜」のほか、「満洲娘」「麦と兵隊」「日の丸行進曲」など、大陸や戦争を題材とした歌謡曲が流行する。

ジャパン・ツーリスト・ビューローの出張所が、中国・満洲各地にさらに次々と開設される。

国民精神総動員運動の一環で、「日本精神」涵養に資するとして、史蹟・名勝への旅行が奨励される。

満鉄、満洲開拓青年義勇隊の実務訓練所を一部引き受ける。一〇訓練所、計三年間。

一九三九年（昭和一四年）

1月1日　牡丹江ヤマトホテルが開業。

1月8日　拓務・農林・文部三省が、大陸の花嫁一〇〇万名の送出を計画。

1月10日　安東・輯安・長白・開山屯・図們に拓政弁事処を開設。

1月20日　開拓地の義勇隊員が協和青年団を結成。

1月27日　満洲拓植公社、虚弱義勇隊員のための特別訓練所を旅順に開設。

2月2日　満洲国政府、「移民」の名称を「開拓民」に変更。

2月24日　満洲国とハンガリー、日独伊防共協定に参加する。

3月4日　大陸開拓文芸懇話会が結成され、芹沢光治良・田村泰次郎・岸田国士・徳永直・高見順らが参加。

四月二五日に国策ペン部隊が満洲へ出発。

4月1日　羅津ヤマトホテルが開業。

4月3日　義勇軍の寮母四九名が渡満。

4月12日　米穀配給統制法公布。

4月15日　義勇隊訓練所に青年学校を設立。

4月17日　開戦により途絶していた中国華北の鉄道が、満鉄などによって復旧し、この日に運営のための華北交通株式会社が設立される。三〇日には、上海・南京周辺の鉄道運営を行う華中鉄道株式会社が設立され、日本の支配下におかれる。

4月　大阪朝日新聞社主催・陸海軍省後援による大東亜建設博覧会が西宮大運動場にて開催される。戦車の展示、聖戦館、満洲館などのほか、新東亜めぐりのパノラマが人気をよぶ。

5月20日　満鉄、金福鉄道を買収、金城線と改称。

6月1日　満洲土地開発株式会社が新京に設立。

6月15日　朝鮮に扶余神宮が創設される。

6月24日　文部省が満洲国・華北地方に派遣する学生・生徒・青年団の団体旅行に対して、旅客運賃五割引を実施する（一〇月一五日まで）。

7月8日　国家総動員法に基づき、国民徴用令交付。

7月24日　満洲拓植公社に開拓団への物資配給のための需品部が新設。

9月1日　満洲に開拓女塾が開設。

10月1日　満鉄、敷設一万キロメートル突破の祝典を開催。

10月18日　拓務・文部両省から各府県へ、義勇軍の項目を高等小学校の職業指導科目に加える旨を通牒。

10月　大日本航空、満洲航空と、朝鮮経由東京―新京間の相互乗入れを開始。

11月3日　鏡泊湖に漁業開拓民が入植。

11月　満鉄傘下の華北交通、前年に運行を開始した「大陸」の姉妹便として、釜山―北京間の直通列車「興亜」を増発。

12月29日　満洲・華北方面と日本を結ぶ日本海航路を経営する目的で、国策会社として日本海汽船株式会社が設立。

12月　日本・満洲両国の閣議決定により、以後の満洲移民事業の根幹となる満洲開拓政策基本要綱が出される。

一九四〇年（昭和一五年）

3月20日　北満鉄道の譲渡について、日本・満洲・ソ連の三国で協定に調印。経営を満鉄に委託。
4月1日　満洲にある鉄道の経理が一元化される。義勇隊訓練本部が新京に開設。
4月24日　価格形成中央委員会、米・みそ・醤油・塩・マッチ・木炭・砂糖など一〇品目に、切符制採用を決定。
5月1日　綏化―佳木斯間、全線で仮営業を開始。一二月一日綏佳線と改称。
5月11日　新京第一ホテルが開業。
7月7日　奢侈品等製造販売制限規則（七・七禁令）公布。
7月15日　満洲・新京の宮内府に、天照大神を祭神とする建国神廟が創建。
8月　朝鮮移住協会創立。
義勇隊教学奉仕隊渡満。
10月10日　満洲の鉄道が全面的にダイヤ改正。速度よりも輸送能力を優先。日本海経由輸送の重視、北辺重視。
10月19日　ヒトラーユーゲントがハルピン訓練所を視察。
11月30日　政府、三月に成立した中華民国国民政府（汪兆銘政権）との間で国交樹立の基本原則を定めた日華基本条約ならびに日満華共同宣言に調印。
12月3日　訓練所への医師の派遣について、拓務省と京城帝大・名古屋医大・日本医大との間で折衝が成立。
12月29日　渤海に漁業開拓民先遣隊一二名が入植。

一九四一年（昭和一六年）

2月11日　内原訓練所の河和田分所が完成。
3月　澳門市グランドホテルが開業。
4月1日　ハルピン中央病院に看護婦養成所を新設。
6月1日　鉄道省、団体取扱の統制を強化、官衛・軍隊等の統率機関を通したもの以外は、一般団体としてジャパン・ツーリスト・ビューローの仲介での受付とする。
7月11日　鉄道省、義勇隊慰問品の無賃輸送を告示。
7月13日　厚生省、団体旅行の中止、神宮国民体育大会を除く全国的競技大会の中止を通達。
7月26日　満洲にて、関東軍特種演習開始（〜九月一〇日）。
8月1日　ジャパン・ツーリスト・ビューロー、社名を社団法人東亜旅行社と改称。
8月12日　拓務省、全国分村計画町村の中堅人物五〇〇名を内原訓練所で訓練。弥栄会が結成される。

10月1日　現地訓練所に所属する義勇隊員約一万七〇〇〇名が、第一次義勇隊開拓団として移行。以後毎年実施され、最終は一九四五年六月入植の第五次義勇隊開拓団。

12月5日　東亜旅行社、東京第一陸軍造兵廠内に案内所開設。

12月8日　日本時間午前二時、日本軍、マレー半島に上陸開始。三時一九分、ハワイ真珠湾にて太平洋艦隊を空襲。アメリカ・イギリスが、日本に宣戦布告。翌日、中国の国民政府、日本・ドイツ・イタリアに宣戦布告。一一日、ドイツ・イタリアがアメリカに宣戦布告。

12月31日　満洲開拓第二期五ヶ年計画要綱発表。

一九四二年（昭和一七年）

1月9日　学徒出動命令が出され、軍関係の役所・病院・工場などへの勤労動員が開始される。

2月25日　鉄道省、伊勢神宮・橿原神宮に参拝する旅客に対して、特殊乗車券の発売方を制定する。四月一日施行。

3月　京都大学探検隊（隊長・今西錦司）、中国東北部の大興安嶺の縦断調査に成功。

4月　満洲日日・満洲新聞社共催による満洲国建国一〇周年記念大東亜建設博覧会が新京大同公園で開催。

6月27日　義勇隊歌の発表会を兼ね、「義勇隊の夕」が新京で開催。

7月6日　訓練本部、義勇隊開拓団員章を制定。

8月18日　茨城県田余村に義勇隊内地療養所を建設。

10月　満鉄、大連―牡丹江間直通急行を新設。奉天―北京間急行を増発、奉天―チチハル間に急行運転、「ひかり」をハルピンまで延長（八月）など、満鉄の輸送力充実。

11月1日　大東亜省設置、拓務省が廃止となる。

11月15日　関門鉄道トンネル開通式。

一九四三年（昭和一八年）

1月18日　満洲国開拓総局、義勇隊員の現地募集要綱を作成。

1月　文部省直轄の国策研究機関として、民族研究所発足。所長は高田保馬、総務部長は岡正雄。この年、北京・満洲・海南島・マレー・スマトラなどの現地調査を四回実施。

2月15日　満洲拓植公社、直営の子会社として開拓民専門の被服会社を設立。
2月28日　満鉄の特急列車「あじあ」運転休止。
3月　満洲建設勤労奉仕隊女子青年団二五〇名が新京に到着。
5月5日　満洲移住協会、広島県西条町鏡ヶ丘山麓に満蒙開拓青少年訓練所を新設。
5月14日　鮮系初の義勇隊開拓団として、ハルピン訓練所卒業の杉田中隊四二名が四平省開原県に入植、英城義勇隊開拓団と命名される。
6月1日　大連浪速ホテル（大連東亜賓館）が開業。
6月　東京第一師範学校附属国民学校の児童、聖地巡拝の名目で、桃山御陵・伊勢神宮・奈良・京都方面への修学旅行を実施。戦中にもっとも遅くまで修学旅行を実施した記録のひとつ。
7月15日　鉄道省、博多港―釜山間の航路を開設。
10月1日　鉄道省の列車時刻改正により、「富士」を除く特急など、旅客列車の多くが廃止。貨物列車が大増発。
10月5日　関釜連絡船崑崙丸、朝鮮海峡の沖ノ島付近にてアメリカ潜水艦により撃沈。
10月21日　学徒出陣の壮行大会が神宮外苑競技場で開催。
12月1日　東亜旅行社が、東亜交通公社と改称。

一九四四年（昭和一九年）

1月21日　日本内地で募集採用した医師・保健婦・助産婦・看護婦など三十数名が新京に到着。講習の後、三月下旬に開拓団に配属。
2月16日　鉄道敷設法戦時特例公布。
2月　京釜本線釜山―新京間の「のぞみ」、釜山―北京間の「大陸」、京城―牡丹江間の急行が運休。
3月14日　決戦非常措置要綱に基づき、旅行の制限が閣議決定。特急・急行・一等車・寝台車・食堂車の全廃、遠距離旅行の制限、不急不要の旅行の禁止など。四月一日の施行を前に旅行者が急増。
8月23日　学徒勤労令、女子挺身勤労令公布。
9月1日　台湾に徴兵制を施行。
10月1日　安奉線が複線全線開通。
11月30日　満鉄、金珠線の経営を受託。

一九四五年（昭和二〇年）

3月6日　国民勤労動員令公布・施行。本土決戦に備え、職場や地域ごとの国民義勇軍編成が目的。

7月25日　医師・看護婦など二二名が日本内地から新京に到着、八月八日に現地へ配属される。
7月　文部省直轄の民族研究所から、江上波夫ら一四名の調査団を満蒙に派遣。
8月8日　ソ連、日本に宣戦布告。翌日、ソ連軍、大興安嶺を越えて満洲北西部から進軍を開始。
8月9日　満鉄、関東軍大陸鉄道司令官の指揮下に置かれる。
8月15日　日本、無条件降伏・ポツダム宣言受諾を発表。
8月18日　満洲国皇帝溥儀が退位。満洲国消滅。
8月30日　外地および外国在留邦人引揚者応急措置要綱決定。満洲国関係帰国者援護会の設立が認可される。
9月1日　東亜交通公社、日本交通公社と改称。進駐軍案内斡旋のため、横須賀・横浜・桜木町・安房北条各駅に社員を配置。
中国東北地方日本人居留民救済総会が長春に設立。
9月30日　GHQ、満鉄解散を指令。
11月19日　満鉄の全財産が九月二五日付でソ連軍へ引き渡される。
11月22日　関東神宮・南洋神社・樺太神社・朝鮮神宮・台湾神宮など、旧外地の神社一八社が廃止。
12月31日　満鉄社員が解雇。
この年、ソ連軍の捕虜となった満洲・北朝鮮・サハリン・千島の軍人・軍属、翌年秋にかけてシベリアなどの収容所に送られ、重労働への従事を強制される。

一九四六年（昭和二一年）

3月　厚生省の外局として、引揚援護院が設置。
5月11日　アメリカ軍と中国の国民政府軍との間で、在満日本人の送還に関する協定が成立。錦州の南にある葫蘆島から引揚船を出し、日本人の送還が計画される。一四日に第一陣一二一九名が引揚げ開始。

（本年表は、旅の文化研究所編『旅と観光の年表』を参考に山本志乃が作成した）

◎執筆者略歴（執筆順）

神崎宣武（かんざき　のりたけ）
1944年、岡山県美星町生まれ。旅の文化研究所所長、岡山県宇佐八幡神社宮司。民俗学
『「おじぎ」の日本文化』（角川ソフィア文庫、2016年）、『大和屋物語――大阪ミナミの花街民俗史』（岩波書店、2015年）

高　媛（こう　えん）
1972年、中国北京市生まれ。駒澤大学グローバル・メディア・スタディーズ学部准教授。歴史社会学
「一九二〇年代における満鉄の観光宣伝――嘱託画家・眞山孝治の活動を中心に」（『Journal of Global Media Studies』第17・18合併号、2016年3月）、「観光・民俗・権力――近代満洲における「娘々祭」の変容」（『旅の文化研究所研究報告』25、2015年12月）

松田睦彦（まつだ　むつひこ）
1977年、横浜市生まれ。国立歴史民俗博物館准教授。民俗学
『人の移動の民俗学――タビ〈旅〉から見る生業と故郷』（慶友社、2010年）、「移動の日常性へのまなざし――「動」的人間観の獲得をめざして」（『〈人〉に向きあう民俗学』森話社、2014年）

山本志乃（やまもと　しの）
1965年、鳥取市生まれ。旅の文化研究所主任研究員。民俗学
『行商列車――〈カンカン部隊〉を追いかけて』（創元社、2015年）、『女の旅――幕末維新から明治期の11人』（中公新書、2012年）

村山絵美（むらやま　えみ）
1980年、新潟生まれ。武蔵大学人文学部准教授。民俗学
「戦争の記憶と語り――「経験する主体」と「想起する主体」」（『日本学報』35巻、2016年3月）、「沖縄のシャーマニズムとグリーフワーク」（『武蔵大学人文学会雑誌』第44巻3号、2013年3月）

＊本書では、『写真集 満蒙開拓青少年義勇軍』（全国拓友協議会編、家の光協会発行、1975年）より図版を転載させていただきました。転載にあたり、著作権者を探しましたが判明いたしませんでした。何らかの情報をお持ちの方は、小社までご連絡いただければ幸いです。

満蒙開拓青少年義勇軍の旅路——光と闇の満洲

発行日……………………2016年4月10日・初版第1刷発行

編者……………………旅の文化研究所

発行者……………………大石良則

発行所……………………株式会社森話社
〒101-0064 東京都千代田区猿楽町 1-2-3
Tel 03-3292-2636
Fax 03-3292-2638
振替 00130-2-149068

印刷……………………株式会社シナノ

製本……………………榎本製本株式会社

ISBN 978-4-86405-094-4 C0021